企业捐赠与股东财富保值的关系研究

—— 基于中国的制度背景

江炎骏 著

A Study on the relation between
Corporate Donation and Stock Value Storage
——Based on the Chinese Institutional Environment

WUHAN UNIVERSITY PRESS
武汉大学出版社

图书在版编目(CIP)数据

企业捐赠与股东财富保值的关系研究:基于中国的制度背景/江炎骏
著.—武汉:武汉大学出版社,2019.10
ISBN 978-7-307-20857-5

Ⅰ.企…　Ⅱ.江…　Ⅲ.企业—慈善事业—财务管理—研究—中国
Ⅳ.①D632.1　②F275

中国版本图书馆 CIP 数据核字(2019)第 076065 号

责任编辑:陈　帆　　　责任校对:汪欣怡　　　整体设计:马　佳

出版发行:**武汉大学出版社**　(430072　武昌　珞珈山)
　　　　　(电子邮箱:cbs22@whu.edu.cn　网址:www.wdp.whu.edu.cn)
印刷:北京虎彩文化传播有限公司
开本:720×1000　1/16　印张:9　字数:129 千字　插页:1
版次:2019 年 10 月第 1 版　　2019 年 10 月第 1 次印刷
ISBN 978-7-307-20857-5　　定价:38.00 元

目　　录

第1章　导论 …………………………………………………… 1

1.1　研究背景 ………………………………………………… 1

1.2　研究问题 ………………………………………………… 3

1.3　研究意义 ………………………………………………… 5

1.4　技术路线与研究方法 …………………………………… 7

第2章　研究综述 ……………………………………………… 10

2.1　企业捐赠的内涵及相关概念 …………………………… 10

2.2　企业捐赠与股东财富保值关系的理论模型和实证

　　　研究 ………………………………………………… 15

2.3　利益相关者关系与企业捐赠 …………………………… 20

2.4　企业捐赠的动机 ………………………………………… 30

2.5　研究机会 ………………………………………………… 43

第3章　理论框架与研究假设 ………………………………… 46

3.1　研究框架 ………………………………………………… 46

3.2　中国制度背景下企业捐赠的保险效应 ………………… 19

3.3　企业捐赠保险效应的影响因素 ………………………… 57

第4章　研究设计 ……………………………………………… 75

4.1　样本选择与数据来源 …………………………………… 75

4.2　变量测量 ………………………………………………… 76

4.3　研究方法与检验模型 …………………………………… 79

1

第5章　实证结果与讨论 ································· 86
　5.1　描述性统计分析 ································· 86
　5.2　回归结果分析 ··································· 87
　5.3　稳健性检验 ····································· 100
　5.4　讨论 ··· 102

第6章　结论、局限及未来研究方向 ··············· 108
　6.1　结论 ··· 108
　6.2　理论贡献 ······································· 110
　6.3　现实意义 ······································· 113
　6.4　研究局限及未来研究方向 ····················· 115

参考文献 ··· 118

后记 ··· 137

表　目　录

表 4-1　研究变量说明　·················· 78

表 5-1　关键变量描述性统计量　·············· 86

表 5-2　企业捐赠及负面事件相关统计量　·········· 87

表 5-3　企业捐赠对负面事件时累计异常收益率(CAR)
　　　　的回归结果　·················· 88

表 5-4　调节效应的回归结果(自变量为是否捐赠)　······ 90

表 5-5　调节效应的回归结果(自变量为捐赠金额)　······ 92

表 5-6　调节效应的分层回归结果(自变量为捐赠比重)　··· 98

表 5-7　假设检验结果汇总　··············· 101

图 目 录

图 1-1　技术路线图　·······························　8

图 2-1　企业捐赠—竞争优势模型图　·············　34

图 3-1　研究框架图　·······························　49

图 4-1　事件窗口　·································　81

1

第1章　导　　论

1.1　研究背景

企业捐赠处于企业社会责任"金字塔"的塔尖，是企业公民行为的核心要素，受到社会各界的广泛关注。然而，围绕企业是否应该从事捐赠、企业捐赠是否能够增加企业价值，学术界和实业界还存在着截然不同的观点。以 Friedman(1970)为代表的学者坚持认为，企业唯一的责任是从事合法的生产经营活动，企业不应该有"社会良心"，企业承担社会责任将动摇市场经济的根基。按照Friedman(1970)等的观点，企业捐赠等社会责任行为只是纯粹消耗企业的资源而降低企业价值。以 Porter(2000)为代表的学者则认为，企业从事捐赠行为能够提升企业的竞争优势，从而增加企业绩效。不仅在理论上出现针锋相对的观点，实证研究结果也不尽相同。Orlitzky et al.(2003)的元分析结果发现，企业捐赠对企业财务绩效有正向影响。Griffin & Mahon(1997)等的研究表明，企业捐赠对企业财务绩效没有显著的相关关系。Berman et al.(1999)的研究发现，企业慈善捐赠等公益行为对企业财务绩效的影响不显著。Wang et al.(2008)的研究结果表明，企业捐赠与企业财务绩效的关系是倒 U 形的，即在企业捐赠金额小于某个限值前，企业捐赠能够显著提升企业财务绩效；在企业捐赠金额超过某个限值后，企业捐赠反而会降低企业的财务绩效。现实中，有的企业从事慈善捐赠行为获得了巨大收益，更多企业却没有发现从事企业慈善捐赠行为能够带来经济收益。现有关于企业捐赠增值效应的研究并没有达成一致结果，学术界和实业界仍然对企业捐赠的经济效应迷惑不解，企业捐赠对经济绩效的作用路径仍有待学者们进一步探讨。

在企业捐赠增值效应研究难以取得突破的情况下，西方学者另辟蹊径，转而探讨企业捐赠的保值效应，即规避企业负面事件的发生或负面事件发生时减缓企业的损失的效应。在企业捐赠保值效应的理论研究中，企业捐赠保险效应研究得到了战略管理专家Godfrey（2005）等学者的关注。企业捐赠的保险效应指的是企业前期捐赠在企业负面事件发生时为股东财富提供保值的效应。Godfrey（2005）构建了企业捐赠保险模型，阐明了企业捐赠阐述保险效应的作用机理，还指出企业捐赠保险效应机理也适用于其他方面的社会责任。其实，在Godfrey（2005）构建企业捐赠保险效应之前，已有部分学者对企业社会责任信息披露等方面社会责任的保险效应进行了研究（Blaccoaier，1994；Johes，2000）。学者们运用实证方法对企业捐赠及其他方面社会责任的保险效应进行了检验，企业捐赠以及其他社会责任的保险效应得到了实证结果的一致支持（Guidry & Patten，2010）。

围绕中国企业慈善捐赠的增值效应，学者们展开了大量理论和实证研究。学者们对中国企业捐赠的增值效应的检验结果不尽相同。与基于发达国家资本市场数据的实证研究结果相似，已有研究对中国企业捐赠的增值效应研究没有达成一致的结论，李越东和张会芹（2010）、宋林和王建玲（2010）等研究得出企业捐赠能够显著提升经济绩效的结论，方军雄（2009）、石磊等（2010）的研究却得出企业捐赠降低了企业绩效的结论。关于中国企业捐赠增值效应的实证研究结果表明，企业捐赠的增值效应并不显著，企业捐赠的增值效应可能只在某种限定条件下才成立，或者企业捐赠可能并不存在增值效应。可见，中国企业捐赠的经济效应研究还有待深入挖掘。

中国企业捐赠存在保险效应吗？在企业负面事件发生时，企业捐赠能够为股东财富提供保值吗？根据企业捐赠保险模型，企业捐赠保险效应的发挥需要一系列必要条件。Godfrey等学者认为企业捐赠保险效应的必要条件在西方成熟市场经济环境下是成立的，实证研究结果对这些学者的假设给予了支持。然而，基于西方成熟市场经济环境下的企业捐赠保险效应研究结果并不一定适用于中国企业，这需要探讨中国转型经济的制度背景下企业捐赠保险效应的前提条件的成立情况。

回顾企业捐赠保险效应的文献发现，已有企业捐赠保险效应的作用机理仍不够明晰。现有企业捐赠保险效应研究均是基于成熟发达国家的制度背景，主要探讨企业捐赠是否存在保险效应，考察了组织因素等对企业捐赠保险效应的影响，但是缺乏考察制度因素的作用。

制度理论认为，制度约束很大程度上决定了企业的经济行为及其绩效（North，1990）。相对于成熟市场经济环境，转型经济环境下制度变迁现象更加显著，制度约束对企业的成长影响更大（Cordeiro，2003），转型经济环境是探讨制度因素对企业捐赠保险效应的影响的理想环境。根据企业捐赠政治和制度动机理论的观点，企业捐赠是企业适应制度环境的产物，企业捐赠动机和捐赠决策取决于企业所处的制度环境（Marquis，2007）。根据企业捐赠保险模型，企业捐赠动机将影响利益相关者的评价和保险效应的大小。不同的制度环境将导致企业捐赠动机的差异，这可能影响企业捐赠的保险效应。没有考察制度因素对企业捐赠保险效应的作用是已有企业捐赠保险效应研究的一个缺陷。

针对已有研究的缺陷，本研究基于中国转型经济的制度背景，运用企业捐赠保险模型研究中国企业捐赠的保险效应，即企业捐赠在公司负面事件的情境下减缓股东财富损失的效应。针对已有企业捐赠保险效应没有考察制度作用的缺陷，本研究考查了中国转型经济的制度特征，引入了市场化程度等因素，研究这些因素对企业捐赠保险效应的影响。本书拓宽了企业捐赠经济效应的研究，对企业捐赠保险效应的研究也作出了有益的扩展。

1.2 研究问题

以上讨论表明在中国转型经济的制度背景下，企业捐赠保险效应仍有进一步研究的空间。已有企业捐赠保险效应研究均是基于成熟市场经济国家的制度背景，成熟市场经济的制度环境与中国转型经济的制度环境有较大差异，基于成熟市场经济制度背景的企业捐赠保险模型并不一定适用于中国转型经济的制度环境。已有企业捐赠保险效应研究主要探讨企业捐赠是否具有保险效应，至多探讨了组织因素等因素对企业捐赠保险效应的影响，缺乏考察制度因素的作用。本研究针对已有研究存在的缺陷，提出具体的问题。总的来说，在逻辑上以 Godfrey（2005）所构建的企业捐赠保险模型为基础，结合中国转型经济的制度背景，认为企业捐赠能够产生保险效应，制度因素将会影响企业捐赠的保险效应。提出如下问题：

第一，中国企业捐赠能够产生保险效应吗？在公司负面事件的情境下，企业捐赠能够为股东财富提供保值吗？根据企业捐赠保险模型，企业捐赠产生保险效应的重要条件是企业捐赠能够产生道德声誉资本（Godfrey，2005）。道德声誉资本是利益相关者对企业捐赠动机和捐赠行为综合评价的结果（Rindova & Fombrun，1998），企业捐赠产生的道德声誉资本水平受到两个因素的影响，即企业捐赠是否符合所在社区的价值观、企业捐赠动机是否能够取得利益相关者的积极响应。企业捐赠产生保险效应的另一个条件是资本市场是非完全效率的，只有在非完全效率的资本市场下企业捐赠才能产生保险效应。已有研究已经基于发达国家的制度背景，对企业捐赠及其他方面社会责任的保险效应进行了检验，发现企业捐赠及其他方面的社会责任均能够产生保险效应，即在公司负面事件的情境下减缓股东财富的损失的效应。然而，成熟市场经济环境与中国转型经济的制度环境有很大差异，中国企业捐赠符合所在社区的价值观吗？中国企业捐赠动机和捐赠行为能够取得利益相关者的积极评价吗？中国资本市场是非完全效率的吗？本书将详细论述企业捐赠保险模型的一系列条件在中国的适用情况，以回答上述问题。

第二，在中国转型经济的制度背景下，制度因素会影响企业捐赠的保险效应吗？虽然已有企业捐赠保险效应研究讨论了组织因素和行业因素对企业捐赠保险效应的作用，但没有讨论制度因素的影响作用。制度理论认为，税制结构、管制、司法判决以及成文法等制度约束形塑了企业运作的范围，影响了企业的经济行为及其绩效（North，1990）。根据企业捐赠政治和制度动机观，制度环境是企业捐赠动机的重要影响因素。企业捐赠保险模型认为，企业捐赠动机影响了利益相关者的评价，是企业捐赠保险效应的重要影响因素。因此，制度环境可能将影响企业捐赠的保险效应。本书结合企业捐赠保险模型、寻租理论和制度理论等理论模型，考察和比较中国企业的各种捐赠动机，提出企业捐赠的寻租动机将影响利益相关者的评价和企业捐赠保险效应，进而探讨制度因素对中国企业捐赠保险效应的影响。

1.3　研究意义

企业捐赠是最高层次的企业社会责任，也是企业公民行为的核心内容，受到学术界和实业界的广泛关注。已有企业捐赠保险效应研究讨论了组织因素等的作用，缺乏讨论制度因素对企业捐赠保险效应的作用，且已有研究对企业捐赠动机对企业捐赠保险效应的探讨较为缺乏。本书将基于中国转型经济的制度背景，探讨中国企业捐赠的保险效应，在深入考查和比较中国企业捐赠各种动机的基础上将制度因素引入企业捐赠保险模型。

1.3.1　理论意义

首先，本书的研究综合运用企业捐赠保险模型、寻租理论等理论模型，将企业捐赠的寻租动机引入企业捐赠保险模型，丰富了企业捐赠保险效应作用机理的研究。Godfrey（2005）探讨了企业捐赠保险效应的影响因素，提出企业捐赠的动机也是企业捐赠保险效应的重要影响因素，但 Godfrey（2005）没有深入比较企业捐赠的各种动机。本书深入考察和比较了中国企业捐赠的各种动机，运用寻租理论，并借助个案分析，详细阐述了企业捐赠的寻租动机对利益相关者的评价和企业捐赠保险效应的影响。回顾制度理论的研究文献，本书提出产权性质等因素能够影响企业捐赠寻租动机的强度，通过对产权性质等因素对企业捐赠保险调节效应的检验，确认了企业捐赠寻租动机对企业捐赠保险效应的影响。

其次，针对已有研究的缺陷，本书结合寻租理论和制度理论，探讨了制度因素对企业捐赠保险效应的调节效应，拓展了企业捐赠保险效应的理论研究。已有企业捐赠保险效应研究主要是探讨企业捐赠是否具有保险效应，缺乏考察制度因素的作用。制度理论认为，制度约束是决定企业经济行为及其绩效的重要因素。本书表明，制度因素是影响企业捐赠保险效应的重要因素。本书还综合探讨了组织因素等多个层面的因素对企业捐赠保险效应的影响，丰富了企业捐赠保险效应作用机理的研究。

再次，本书丰富了寻租理论的研究文献。已有关于企业寻租的文献集中于探讨企业的寻租活动对企业自身商业利益的正面影响和对社会资源配置和社会福利的负面影响，探讨和支持企业寻租活动对企业自身商业利益产生负面影响的文献很少。本书表明，寻租动机不利于企业捐赠保险效应的发挥。本书对企业寻租动机的负面效应进行探讨，是对寻租文献缺乏探讨企业寻租对自身利益的负面效应的一个回应。

1.3.2　现实意义

本书探讨了在中国转型经济的制度背景下企业捐赠的保险效应，并运用实证方法进行检验。研究结果对现阶段中国企业具有重要启示。现阶段中国企业的丑闻事件频发，丑闻事件震动甚至击垮企业的例子不胜枚举，丑闻事件严重影响了中国企业的可持续发展。本书的研究结果表明，中国企业捐赠具有保险效应，即在公司丑闻发生时为股东财富提供保值的效应。企业积极参与捐赠，有利于树立良好的社会形象，产生道德声誉资本，在公司丑闻发生时企业捐赠产生的道德声誉资本将会发挥"减震器"的作用，帮助企业渡过危机。

企业捐赠产生保险效应在于企业捐赠的信号作用，企业捐赠展现了企业价值观的利他性。然而，企业寻租降低了社会福利，企业寻租所显露的是企业价值观中的自私自利的一面。企业捐赠和企业寻租所展现的价值观是冲突的，这降低了企业捐赠的保险效应。从管理实践的角度出发，企业应该注重保持企业行为所展现的利他性企业价值观的一致性。

本书的研究结果还具有一定的政策含义。研究结果表明，企业捐赠的寻租动机降低了企业捐赠动机的纯粹性和利他性，降低了企业捐赠的保险效应。制度理论认为，在转型经济的制度背景下，正式制度约束越不完善，市场化程度越低，法制环境越差，政府干预越严重，要素市场发育程度越低，则企业捐赠的寻租动机较为强烈。政府应坚定不移地推进社会主义市场化进程，加强法制建设，减少政府干预，提升要素市场发育程度，改善制度环境，以降低企业捐赠的寻租动机，增强企业捐赠的纯粹性和利他性，从而提升企业的道德水准，促进社会的和谐发展。

1.4　技术路线与研究方法

本书将按照如下的技术路线开展研究。

第一，通过对已有文献的回顾，发现研究缺口，提出具体的研究问题。首先是界定企业捐赠的内涵，并对企业社会责任、企业家捐赠等相关概念进行阐述，概念的清楚界定保证了本书研究逻辑的一致性。其次，本研究回顾了有关企业捐赠与股东财富保值关系、企业捐赠与利益相关者响应及企业捐赠动机等方面的研究文献，归纳和总结已有的研究成果。最后，分析已有文献存在的局限，并提出值得进一步研究的问题，关注的焦点在于企业捐赠保险模型在中国转型经济的制度背景下的适用情况及企业捐赠保险效应的作用机理和影响因素。

第二，在文献回顾和评述的基础上，构建本书研究的概念框架，并根据已有的实证研究结果，提出研究假设。概念框架对本研究的各个变量之间的关系进行总体上的描述，研究假设针对具体的变量之间的关系进行讨论，每一步研究假设的提出，都将根据已有的实证研究成果进行充分的论证。

第三，根据概念框架和研究假设，提出研究设计方案，建立分析模型。

第四，运用事件研究法和回归分析方法对数据进行统计分析，并进行假设检验，根据统计分析的结果对最初的假设模型进行讨论。通过事件研究法计算出负面事件发生时的累计异常收益率，对各变量进行描述性统计分析，运用回归分析方法进行假设检验，对检验结果进行讨论。

最后，根据研究结果提出本研究的结论、理论贡献和现实意义，并讨论研究的局限，提出未来的研究方向。技术路线图如图1-1 所示。

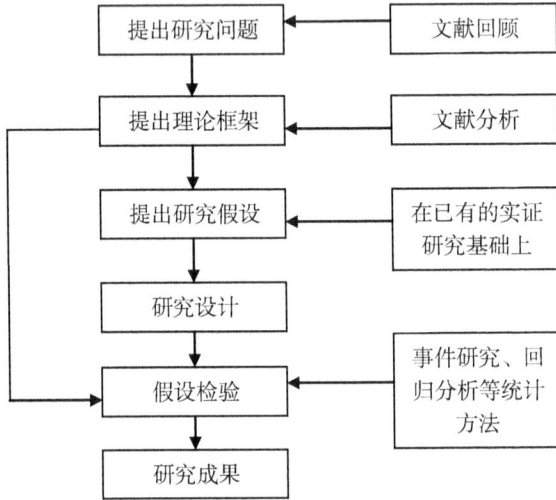

图 1-1　技术路线图

本书将采用如下研究方法：

第一，规范研究方法与实证研究方法。规范研究方法是建立在特定价值目标和原则基础上，根据特定价值标准作出判断和推理，对社会经济现象运行的过程与结果进行理论探讨，从而提供解决社会经济问题的措施和方案。规范研究方法解决的问题是"应该是什么"等问题。实证研究方法建立在逻辑分析的基础上，通过逻辑分析提炼社会经济现象的运行规律，进而分析和预测社会经济行为。实证研究方法解决的问题是"是什么"等问题。

对于企业捐赠的概念、企业捐赠与企业家捐赠的关系以及中国企业捐赠保险效应的作用机理等问题，本研究将采用规范研究方法来回答。对于中国企业捐赠是否具有保险效应及组织因素、行业因素、事件因素和制度因素对企业捐赠保险效应的影响等问题，本研究将采用实证研究方法来回答。

第二，定性分析方法和定量分析方法。定性分析方法是依据社会经济现象的属性特征以研究社会经济现象的内在运行规律的研究方法。定性分析方法是根据已有成熟的理论研究成果和丰富的信息资料，凭借直觉或经验，对研究对象的性质、特征及变化规律得出判断性结论。定量分析方法是对社会经济现象的某些性质、数量特征及相互关系进行分析的方法，定量分析方法一般是以数字的形式来表示，最终得出研究对象总体的数量分析结果。定量分析方法和定性分析方法是相互关联的。定性分析方法是定量分析方法的基础，缺乏定性分析的定量分析是毫无根据的、没有价值的；定量分析方法有利于加强定性分析方法的科学性和精确性。

本研究将结合定量分析方法和定性分析方法。运用定性分析方法，根据已有的理论模型和研究结论探讨中国企业捐赠保险效应的作用机理。运用事件研究、描述性统计分析和回归分析方法等定量分析方法，揭示出研究变量间的定量关系。

第 2 章 研究综述

在本章中，将对企业捐赠与股东财富保值关系的相关文献进行回顾，目的是通过文献回顾以厘清企业捐赠影响股东财富保值的逻辑关系，发现研究机会，为本书研究奠定理论基础。首先，对企业捐赠的内涵及相关概念进行了阐述，以保持本书研究逻辑的一致性。本书详细阐述了企业捐赠保险模型，该模型是本书参照的主要理论模型。在企业捐赠保险模型的基础上，探讨了企业捐赠与股东财富保值的关系。根据企业捐赠保险模型，企业捐赠保险效应发挥的基本条件是企业捐赠获得利益相关者的积极响应，所以，接下来回顾了企业捐赠与利益相关者响应方面的相关文献。在回顾企业捐赠与利益相关者响应的文献后发现，利益相关者对企业捐赠的响应主要与企业捐赠的动机有关，于是本书对企业捐赠动机的相关文献进行了回顾，并讨论了中国企业捐赠的动机。本书的主要观点是，总体而言，企业捐赠能够获得利益相关者的积极响应，企业捐赠保险效应的基本条件得以满足。然而，利益相关者对企业捐赠的响应程度受到企业捐赠动机的纯粹性和利他性的影响。

2.1 企业捐赠的内涵及相关概念

明确的定义是理论体系构建的前提和基础。为保证本书研究主要概念的一致性且与前人研究相衔接，本节内容对本研究中涉及的主要概念进行界定。

2.1.1 企业捐赠

企业捐赠指的是企业或企业中的个人或团队以企业的名义自愿而无条件地将企业的合法财产以资金、劳务或实物援助等方式捐献给需要资助的个人、社会群体或特定领域的慈善公益行为（Financial Accounting Standards，1993；钟宏武，2007）。按照捐赠对象的不同，可以将企业捐赠划分为如下几个类型。第一，公益性捐赠。公益性捐赠指的是企业向教育、科研、医疗、卫生、环境保护、公共设施等领域提供的慈善捐赠。第二，救济性捐赠。救济性捐赠指的是企业向遭遇洪水、地震等自然灾害的地区或贫穷地区或慈善协会、红十字会等社会公益组织和经济困难的社会残弱群体或个人提供的救济性慈善捐赠行为。第三，其他捐赠，其他类型的企业捐赠是除以上两类捐赠以外的、以宣传人道主义精神或促进社会和谐发展为目标的慈善捐赠行为。

企业捐赠一般包括以下四个组成部分（黄靖，2011）。一是捐赠的主体，这里指的是企业。不仅从企业层面从事的捐赠行为属于企业捐赠的范畴，而且企业中的高管团体或个人以企业的名义从事的公益捐赠行为也属于企业捐赠的范畴。二是参与方式。企业捐赠的参与方式包括直接参与和间接参与。企业捐赠的间接参与方式是企业通过慈善机构等社会组织而间接实施的具有社会关联性的社会公益项目，企业捐赠的直接参与方式是企业自行策划并组织实施的社会公益项目。三是参与媒介，这里指企业以何种类型的企业财产从事慈善捐赠行为。企业可以捐赠实物产品或货币等有形财产，也可以捐献技术知识等无形财产。四是行为的指向。企业捐赠行为的指向是社会。

2.1.2 企业社会责任

企业社会责任的概念发端于 20 世纪初的西方国家。被称作企业社会责任之父 Bown 于 1953 年发表了个人著作《商人的社会责任》，Bown 在该著作中首次对企业社会责任下了明确的定义，即企业社会责任是基于社会目标和价值的考虑，响应相关政策并作出对应决策或者采取某些具体行动的行动。美国经济发展委员会将企业社会责任的内涵比作同心圈，企业社会责任包括三个同心圈：首先是内圈社会责任，指履行经济职能的责任，这是企业最基本的社会责任。其次是中圈社会责任，指为配合社会价值和目标的发展变化而履行的经济职能的社会责任。再次是外圈社会责任，指致力于提升社会环境的责任。Frederick（1998）提出，企业社会责任可以划分为强制性社会责任与自发性社会责任。其中，强制性企业社会责任指的是政策法规明确规定的社会责任，具体包括环境保护、生产安全、消费者权益维护、反对性别歧视等内容。自发性企业社会责任是指企业自发履行的、没有法规强制规定的社会责任，具体包括慈善捐献、参加社区志愿服务活动和提出有效解决困扰国家和地方政府难题的对策。罗宾斯（2005）提出，企业社会责任指企业承担的超越法律与经济义务要求的、有益于社会长远发展目标的社会责任。根据罗宾斯（2005）的界定，企业不仅应承担提升企业经济绩效、创造股东财富的社会责任，还应承担对员工、消费者、所在社区及自然环境等方面的社会责任，具体包括遵守法律法规、工业安全、保障职业健康、防治环境污染、从事慈善捐赠等内容。基于利益相关者理论的视角，Carroll（1991）提出了企业社会责任的"金字塔"模型，企业社会责任应包括经济方面的社会责任、法律方面的社会责任、道德方面的社会责任、慈善方面的社会责任。Carroll（1991）对各方面社会责任的具体阐述如下：

第一是经济责任。企业的经济责任是企业最重要的社会责任，处于"金字塔"四个层级中的最底层，是法律责任等其他方面的社会责任的基础。作为微观经济主体，经济责任是企业生存发展的基本前提，创造利润是企业的天职。企业的经济责任还是企业履行其他企业社会责任的物质保障，通过履行经济责任而积累的物质财富使其拥有充分的资源去从事慈善捐赠等其他社会责任。第二是法律责任。法律责任是指企业必须遵守相关法律法规，在法律允许的范围内从事生产经营活动。现实中，企业违法违规的事件并不少见，企业触犯法律的行为在违背社会利益的同时也极大增加了企业风险。第三是道德责任。道德责任是指企业的生产经营行为需遵循社会道德价值体系的普遍要求。社会道德体系对企业的影响比不上法律法规，但是社会道德体系关系到企业存在的组织合法性。企业的道德责任难以量化，道德责任是属于企业很难应对的社会责任。第四是慈善责任。慈善责任是企业无条件地向社会提供物品、现金等形式资助的行为，是为了响应社会公众的期望而履行的社会责任。随着企业权利的提升，社会公众期望企业承担较多的社会义务，如灾难捐赠、支持教育事业等。

按照 Carroll(1991)的"金字塔"模型，企业的社会责任包括经济责任、法律责任、道德责任以及慈善责任。其中，企业慈善捐赠是企业的核心社会责任之一，是企业自愿承担的增进社会福利的行为。总结已有研究成果，企业社会责任与企业捐赠的关系如下：

一方面，慈善捐赠是企业履行社会责任的主要内容之一。无论是美国经济发展委员会三个同心圈的划分标准还是经典的企业社会责任金字塔模型，企业慈善捐赠均是企业社会责任的主要内容之一。作为企业履行社会责任成果的总结，企业社会责任报告提及最多的字眼正是慈善捐赠。在众多其社会责任评价指标中，企业捐赠是被社会公众关注的焦点。慈善捐赠是最古老的企业社会责任表现形式，也是现代企业彰显社会责任最重要的方式。在我国，企业社会责任还处于起步阶段，多数企业还在探索较为合理的履行企业社会责任的途径，通过公益捐赠践行社会责任成为中国企业较为普遍的做法。

企业不合理的生产方式将造成很多负面社会问题，如污染环境、生产伪劣产品、剥夺员工的正当利益、违背法律契约等，由此而引发出来的社会责任属于强制性社会责任(Frederick，1998)。从企业公民行为的角度出发，在企业拥有社会权利的同时应承担社会责任，企业的商业利益必须服从社会利益，由此而引发出来的社会责任属于自发性社会责任(Frederick，1998)。虽然社区教育水平落后、自然灾害造成的居民生活困难等问题不是企业的生产经营造成的，但是社会公众期望企业能够一定程度上解决这些社会问题。公司承担社会责任的方式是多样的，对于企业自身引发的社会问题而言，企业基本上可以通过改善生产经营的方式而承担强制性社会责任。在环境保护方面，企业能够通过减少使用具有污染性的原料或采用更加科学的污染防治技术以减少企业对自然环境的破坏；在产品质量方面，企业可以通过加强质检等方式来保证产品的质量；在员工权益方面，企业能够通过采用增加员工的薪酬水平和改善工作环境来增加员工福利。一般而言，企业可以在生产经营过程中承担强制性的社会责任。然而，企业的生产经营过程却很难应对自发性的社会责任。从事慈善捐赠，是企业承担自发性社会责任的主要方式。公司可以通过向需要帮助的特定群体或领域提供捐赠，从而一定程度上解决某些社会问题。

按照罗宾斯（2005）、Meehan（2006）等学者的观点，企业社会责任指的是企业承担的超越法律和经济义务的具有自由裁量权的社会责任，而企业慈善捐赠则是企业具有自由裁量权的社会责任最重要的方面。在学者们的实证研究中，以企业捐赠衡量企业社会责任的做法比较普遍。总而言之，慈善捐赠是企业彰显社会责任最重要的方式，是企业履行社会责任的主要内容之一。

另一方面，企业捐赠是最高层次的企业社会责任。美国经济发展委员会三个同心圈的划分标准和 Carroll "金字塔" 模型都表明，企业社会责任是分为不同层次的。企业对股东的社会责任表现在给股东创造财富；对员工的社会责任表现在提供优良的工作环境与丰厚的薪酬待遇；对顾客的社会责任表现在供应具有质量保证而价格适中的产品和服务；对债权人的社会责任表现在按期还本付息。企业承担的这些社会责任均是最基本的社会责任，是企业正常生产经营得以有效开展的前提。换言之，企业承担的对股东、顾客和债权人等的社会责任可以被理解为公平的交易行为，因为股东、顾客和债权人等是企业创造利润的源泉，企业承担的社会责任更多的是基于商业利益的考虑。与上述社会责任不同，企业的慈善捐赠并不是交易行为，慈善捐赠是企业无条件地、单方地支付现金或实物的行为。受赠方在接受慈善捐赠时并没有偿还的义务。可见，慈善捐赠超越了其他企业社会责任，是企业社会责任的高级形式。与其他社会责任相比，慈善捐赠的利他性较强，体现了企业具有较高层次的道德水准，某种程度上超越了理性经济人的假说。

2.1.3 企业捐赠与企业家捐赠

从捐赠的主体看，企业捐赠的主体是企业，高管团队以企业的名义从事的捐赠也属于企业捐赠，企业家捐赠的主体则是企业家个人。企业捐赠的是企业的财产，而企业家捐赠的则是企业家个人的财产。从内涵上看，企业捐赠和企业家捐赠的差异是比较明显的。然而，在中国现阶段的条件下，严格区分企业捐赠和企业家捐赠并没有太大意义。因为从事捐赠的主体往往是企业家，但企业家是以个人名义来代表企业从事慈善捐赠（王端旭，2011）。现阶段中国的现代企业制度仍然很不健全，在实际的捐赠行为中，无论是企业家以个人名义或是以企业的名义从事慈善捐赠，一般都是从企业出账（钟宏武，2007），因此，严格区分企业捐赠和企业家捐赠是难以做到的。企业家陈光标是近年中国企业捐赠事业的标志性人物，陈光标倡导企业应拿出纯利润的20%回报社会。作为董事长，陈光标近年就是以个人名义将企业利润的50%捐赠给社会。在这种情况下，本书研究认为，现阶段中国企业家从事的慈善捐赠可以被理解为企业捐赠。

2.2 企业捐赠与股东财富保值关系的理论模型和实证研究

Godfrey（2005）综合运用战略管理、心理学、社会学等学科知识，构建了企业捐赠保险模型，该模型对企业捐赠保险效应的内涵进行了界定，阐明了企业捐赠产生保险效应的机理，还借助风险管理领域的研究成果论述了影响企业捐赠保险效应的若干因素。企业捐赠保险效应指的是，在发生企业负面事件时，企业前期捐赠产生的道德声誉资本能够为企业与利益相关者的关系资产提供类似"保险"的防护功能，这种保险防护功能能够为股东财富提供保值（Godfray，2005）。

企业捐赠产生保险效应的路径如下：

首先，企业捐赠产生道德声誉资本（Fryxell & Wang，1994；Godfrey，2005）。道德声誉资本是企业利益相关者对企业捐赠动机和行为综合评估的结果，决定着利益相关者的信念和行为，从而影响股东财富（Rindova & Fombrun，1998）。企业从事慈善捐赠能够使利益相关者对企业产生良好的印象，慈善捐赠能够明显提升企业

15

声誉（Brammer & Millington，2005）。Godfrey（2005）进一步指出，企业捐赠产生的道德声誉资本水平受到两个因素的影响，即捐赠行为是否符合企业所在社区的价值观、企业捐赠的动机是否受到利益相关者的积极响应。

其次，企业负面事件发生时，道德声誉资本能够减缓利益相关者对企业的制裁和惩罚，降低企业关系资产受损的风险。根据已有研究成果，企业与利益相关者的关系资产包括以下几个方面：①与员工的关系资产，即员工的情感承诺。员工情感承诺是指员工对企业的依附感、认同感，拥有强情感承诺的员工愿意留在企业勤恳工作。②与投资者的关系资产，即信任和承诺。信任是在特定条件下，投资者对一家值得信赖的企业所寄予的希望，信任是减少未来的风险和不确定性的重要因素；承诺是指合作关系中的一方在某种程度上有与另一方合作的积极性，即承诺是一种保持双方都非常珍视的关系的长期愿望。③与消费者的关系资产，即品牌资产，是指品牌在消费者心中产生广泛而高度的知名度、良好且与预期一致的产品知觉质量、强有力且正面的品牌联想。④与社区、规制机构的关系资产，即公司存在的组织合法性。公司行为被所在社区和规制机构认为是适当的、正确的，符合所在社区的社会价值标准、信念。⑤与供应商和合作伙伴的关系资产，即信任，是指供应商和合作伙伴基于对企业诚实履行契约的预期，愿意承担一定的风险，而不考虑是否有能力去监督、控制企业行为。⑥与新闻媒介的关系资产，即知名度和美誉度。新闻媒体对企业信息传播和对舆论的引导，将提高企业的知名度。

当企业负面事件发生时，投资者、供应商、消费者等利益相关者将采取相应措施制裁这些违规企业。利益相关者制裁、惩罚违规企业的程度依据的是对企业行为动机的评估，评价企业应多大程度上为公司负面事件负责任（Nagel & Swenson，1993）。如果利益相关者认为公司负面事件是企业精心策划的、有意识的，利益相关者会严厉惩罚企业；如果利益相关者认为企业负面行为不是企业的本意，而是偶然的，利益相关者对企业的惩罚则会减缓（Godfrey，2005）。因此，如何影响利益相关者对企业行为动机的评价，对减少违规公司的损失至关重要。当公司负面事件发生时，道德声誉资本是利益相关者评估企业行为动机时考虑的重要因素，企业拥有道德声誉资本使利益相关者倾向于认为公司负面事件是管理不善导致的，而不是管理者的恶意行为（Trieschmann & Gustavson, 1998）。Godfrey（2005）指出，企业捐赠产生的道德声誉资本发挥保险效应的途径有两条，即利益相关者减少制裁和惩罚企业，声誉、员工忠诚、品牌价值等关系资产的损失会减少。Godfrey（2009）指出，企业的利益相关者有多类，企业的关系资产具有多样性，但是企业捐赠保险效应所指的关系资产是企业关系资产的总和，并不单独考虑某一类关系资产。

再次，企业关系资产损失风险的降低能够减缓发生负面事件公司的股东财富的损失。在具有完全效率的资本市场条件下，降低企业非系统风险是不能够增加股东财富的；在非完全效率的资本市场条件下，降低企业非系统风险则能够增加股东财富。现实中，即使是发达国家的资本市场，也很难符合完全效率的假说。企业关系资产损失的风险属于企业非系统风险；企业关系资产损失风险的降低则实际上降低了企业非系统风险，保障了股东财富，使发生负面事件公司股东财富损失得以减少。另一方面，企业捐赠对负面事件股东财富的影响在于企业捐赠的信号作用。企业前期参与捐赠行为实际上是向投资者发送了企业具有道德声誉资本的信号，而道德声誉资本具有减缓负面事件公司股东财富损失的效应。企业负面事件发生时，企业捐赠的信号作用能够促使投资者对前期参与捐赠行为的企业做出较为积极的市场反应，这同样将减缓负面事件发生时股东财富的损失。

根据企业捐赠保险模型，企业捐赠产生保险效应需要经历三个步骤。从企业捐赠保险模型可以看出，企业捐赠保险效应是需要具备一定条件的。企业捐赠产生保险效应的条件包括捐赠行为符合企业所在社区的价值观、企业捐赠的动机受到利益相关者的积极响应、发生负面事件企业所在的资本市场是非完全效率的。已有研究不仅阐述了企业捐赠产生保险效应的机理，学者们还探讨了企业捐赠保险效应的影响因素。企业捐赠保险效应与企业的价值和企业与利益相关者关系资产的价值有关。Godfrey（2005）指出，企业捐赠保险的对象是企业与利益相关者的关系资产，企业与利益相关者关系资产的价值较大，则企业捐赠保险效应对企业的价值较大、企业负面事件时减缓股东财富损失的效果较强。

Godfrey（2005）指出企业捐赠的保险效应机理可以适用于其他方面的企业社会责任，学者们进一步探讨了企业社会责任保险效应的影响因素。企业社会责任保险效应与企业的价值与企业声誉价值的大小有关（Brammer，2005）。企业负面事件发生时，企业声誉受损对企业价值的影响越大，则从事社会责任的保险价值越大，而企业声誉受损对企业价值影响程度则取决于企业声誉价值的大小（Brammer，2005）。

企业所属行业的性质是影响企业捐赠保险效应的重要因素，并不是任何类型公司的负面事件都受到企业社会责任同等程度的保险。当企业属于烟草、赌博等社会危害类行业时，利益相关者将对这些行业企业的任何形式社会责任的动机产生怀疑，认为企业参与社会责任行为是用"血汗钱"弥补罪行，或者是为了转移公众的视线。烟草、赌博等社会危害类行业企业的社会责任行为较难获得利益相关者的积极响应，这些行业的企业社会责任只能产生较低水平的道德声誉资本（Jones，1964），从而导致这些行业企业社会责任产生的保险效应较弱。

企业负面事件的性质也是影响企业社会责任保险效应的重要因素。企业社会责任产生保险效应的基本逻辑是：企业负面事件发生时，利益相关者的利益受到伤害，企业负面事件的恶劣性和侵害性是显而易见的，企业社会责任产生的道德声誉资本促使利益相关者倾向于认为企业是"好人不慎做了坏事"而不是"坏人做坏事"。然而，如果企业负面事件本身的恶劣性和侵犯性变得较为模糊，比如企业的挑衅行为是另一家企业不公平竞争导致的，换言之，当企业的负面事件可能并不是真正意义上的"坏事"时，企业前期社会责任产生的道德声誉资本具有的促使利益相关者认为企业是"好人"做坏事的效应将较弱（Godfrey，2009）。Godfrey（2009）将恶劣性和侵犯性不明显的企业负面事件称为竞争性事件，企业在此类事件中的挑衅性表现更多的是一种自卫行为，或只是企业对某项法规或政策的误解。相对于其他企业负面事件，发生竞争性负面事件企业的捐赠保险效应较弱（Godfrey，2009）。

企业捐赠是企业社会责任的主要内容之一，是最高层次的企业社会责任，企业捐赠产生保险效应的机理与企业社会责任保险效应机理相同，企业社会责任保险效应的影响因素同样将影响企业捐赠的保险效应。企业与利益相关者的关系价值越大，则企业捐赠的保险作用对企业的价值越大。相对于其他行业，烟草、赌博等社会危害类行业的企业捐赠保险效应较弱。相对于其他性质的负面事件，竞争性企业负面事件受到的企业捐赠保险效应较弱。

Godfrey（2009）等构建的企业捐赠保险模型阐述的是企业捐赠与股东财富保值的关系。Godfrey（2009）等从理论上探讨企业捐赠和企业社会责任保险效应及其影响因素。前文的研究表明，企业捐赠和企业社会责任保险效应的发挥需要经历三个步骤，企业捐赠和企业社会责任保险效应的实证研究是否需要对各步骤分别提出假设并论证？企业捐赠和企业社会责任保险效应进行分步论证是无法实现而且并无必要的（Godfrey，2009）。首先，企业捐赠和企业社会责任产生保险效应的第一个步骤的逻辑，即企业捐赠和企业社会责任产生道德声誉资本，是已经获得了大量理论研究和实证研究支持的；第二步的逻辑成立的关键在于道德声誉资本对利益相关者对企业违规行为动机评估的影响，而这个心理过程是无法观察和无法度量的；第三步的逻辑的成立关键在于资本市场的效率，即使是美国等发达国家，完全效率市场假说也是难以成立的（Godfrey，2009）。因此，企业捐赠或企业社会责任保险效应的实证研究不需要分步论证，只需探讨在发生公司负面事件时，与前期不参与捐赠行为或社会责任行为的企业相比，前期参与捐赠行为或社会责任行为的企业股东财富的损失程度是否较浅。

Johes（2000）的研究表明，在福布斯杂志位列"美国最受尊敬的企业"榜单的企业在危机事件中避免了遭受较大损失。Blaccoaier（1994）检验了美国化工企业在有毒化学品泄露事件中的市场反应，行业中的大部分企业市场反应为负，但前期披露环境信息的企业的负面反应较低。Godfrey（2009）基于企业被起诉事件等企业负面事件的研究表明，公司负面事件发生时，相对于前期没有参与社会责任行为的企业，前期参与社会责任行为的企业股东财富下降幅度较小；无形资产价值较高的企业前期参与社会责任行为具有的降低公司负面事件发生时股东财富损失幅度的效果更强。Minor（2010）通过案例研究和标准普尔指数企业历年股票价格的研究表明，在产品召回事件中，社会责任水平较高的企业，股票价格下降幅度较小。

从企业捐赠保险模型可知，企业捐赠产生保险效应的基本前提是企业捐赠受到利益相关者的积极响应，进而产生道德声誉资本。下文将对企业捐赠与利益相关者关系方面的文献进行回顾，阐明各类利益相关者群体对企业捐赠响应的情况。

2.3 利益相关者关系与企业捐赠

企业捐赠保险模型提出，企业捐赠产生保险效应的基本前提是企业捐赠受到利益相关者的积极响应。已有文献对企业捐赠与利益相关者关系进行了大量研究，学者们论述了消费者、投资者、供应商等利益相关者群体对企业捐赠响应的情况。本节将对企业捐赠与利益相关者关系方面的文献进行回顾，从而对企业捐赠保险模型作回应。

以下的文献综述首先对利益相关者理论进行阐述，表明利益相关者对现代企业生存发展的重要性，企业与利益相关者的关系是企业非常重要的资产。接着，本书讨论企业捐赠如何获得消费者等利益相关者的响应，企业捐赠如何增强企业与利益相关者的关系，并讨论了影响利益相关者对企业捐赠响应的关键因素，即企业捐赠动机的纯粹性和利他性。最后，讨论了中国企业捐赠动机获得的利益相关者的响应。

这些文献表达了两个观点。第一，整体而言，企业捐赠能够得到利益相关者的积极响应，企业捐赠能够帮助企业构建与利益相关者的关系资产。企业捐赠动机的纯粹性和利他性影响到利益相关者对企业捐赠的响应程度。第二，中国企业捐赠获得了利益相关者的积极回应。然而，由于企业捐赠动机的不纯，部分中国企业的捐赠被利益相关者质疑，这些企业捐赠得到的利益相关者的积极响应程度较低。

2.3.1 利益相关者理论

自 1963 年斯坦福研究所首次提出"利益相关者"的概念以来，利益相关者理论开始受到学术界和实务界的广泛关注。Carroll（1979）提出应该从不同类型的利益相关者角度研究企业社会责任问题。Freeman（2010）对企业的利益相关者进行了界定，提出利益相关者是可以对企业的商业目标产生影响和在企业实现商业目标时受到企业的影响的群体和个人。企业的利益相关者不仅包括股东，还应包括企业所在的社区、政府以及环保组织等群体，企业应该平衡不同利益相关者群体的利益诉求。Freeman（2010）对利益相关者的界定得到学者们的广泛认可和引用。

利益相关者对企业的重要性是随着历史的演变而增加的，利益相关者的利益是现代企业管理者必须认真考虑的。科学技术的进步和新闻媒体的崛起，使企业之前隐藏的丑闻事件在瞬间广泛传播，企业的利益相关者很快就能获知企业的丑闻信息，这导致利益相关者可能采取相应的制裁行为，利益相关者对企业施加的影响得以增加（Miller，2006）。随着利益相关者的影响越来越大，企业不得不考虑利益相关者的利益要求。在历史上，西方国家工会的诞生是广大工人反抗资本家疯狂剥削的产物。工会有力保护了工人的合法权益，极大地影响着企业的生产经营行为。随着利益相关者的社会意识不断增强，出现了大量代表投资者、消费者等利益相关者利益的社会组织，这些社会组织成为保护企业利益相关者利益的重要力量。代表企业利益相关者利益的社会组织对现代企业形成重要影响，企业不得不重视各类利益相关者群体的利益要求。在各利益相关者群体中，与企业的商业利益直接相关的是股东、员工和消费者（Frederick，1988）。股东是企业资产的出资人，员工是企业生产经营活动的承担者，消费者是企业产品和服务的销售对象。如果企业没有充分考虑股东、员工和消费者的利益或伤害了他们的利益，这些利益相关者采取的任何负面行动都将使企业遭受损失。在竞争激烈和经济全球化的环境下，除了股东、员工和消费者等与企业商业利益直接相关的利益相关者、供应商、所在社区和政府、新闻媒体，甚至社会公众均成为企业的利益相关者（Fombrun，et al.，2000）。

现代企业的商业利益与利益相关者的利益紧密相关，利益相关者关系的管理事关企业的生存与发展。当企业的外部环境发生重大变化时，企业能否处理好利益相关者的关系决定了企业能否适应外部环境的变化，企业与利益相关者关系处理不当将使企业陷入困境。

利益相关者理论认为，在当今社会中，企业不能仅被视作实现股东利益最大化的工具，企业应是一个最大限度地考虑股东、消费者、所在社区和政府等不同利益相关者的利益要求的组织体系和制度安排（Freeman，2010；Charkham，1992）。传统的经济理论认为仅有股东是赋予企业生产经营权力的委托方。利益相关者理论认为企业权力的委托方是企业所有的利益相关者，企业管理决策不应只是考虑股东的利益，而应考虑企业所有的利益相关者的利益。

按照不同的标准，学者们对利益相关者群体进行了分类。从利益相关者与企业的利益的相关程度出发，学者们将利益相关者划分为主要利益相关者和次要利益相关者（Wheeler，1998）。主要的利益相关者指的是与企业生产经营行为及绩效直接相关的利益群体，主要的利益相关者的利益与企业直接相关，主要的利益相关者对企业的生存发展能够产生直接的影响。次要利益相关者的利益并不与企业的商业利益直接相关，但次要利益相关者同样能够对企业施加影响，次要利益相关者的影响主要体现在企业声誉和社会地位等方面。与主要利益相关者相比，企业的次要利益相关者更能代表社会公众的利益，次要利益相关者对企业的评价能够极大影响社会公众对企业的印象。按照 Clarkson（1995）的观点，企业的主要利益相关者包括股东、投资者、员工、消费者、供应商等；企业的次要利益相关者包括环保主义人士、新闻媒体、学者以及特定利益集团。Wheeler & Maria（1998）将利益相关者分为四类：一是主要的利益相关者，具体包括投资者、员工、消费者和所在社区、供应商和合作企业；二是次要的利益相关者，具体包括政府及规制机构、竞争对手；三是主要的非利益相关者，具体包括自然环境和子孙后代；四是次要的非利益相关者，具体包括环保组织和动物保护组织。

2.3.2 不同利益相关者群体对企业捐赠的响应

前文对利益相关者理论进行了阐述，表明企业的利益相关者不仅包括投资者，还包括消费者、员工、供应商和合作伙伴、所在社区或政府、新闻媒体等。各类利益相关者均能对企业成长施加影响，企业所需的许多关键资源被利益相关者所控制，企业与利益相关者的关系成为对企业生存发展至关重要的资产。已有研究表明，无论是增值效应还是保值效应，企业捐赠经济效应的发挥关键在于企业捐赠能够获得利益相关者的积极响应，企业捐赠构建了企业与利益相关者的关系资产。根据已有研究成果，本书将企业的利益相关者界定为投资者、消费者、员工、供应商和合作伙伴、所在社区或政府、新闻媒体。具体而言，对于企业的捐赠行为，员工、消费者、投资者等利益相关者的响应如下：

第一，投资者。资本市场是现代企业获取资金的主要途径之一，投资者在资本市场的反应直接影响了企业的市场价值和融资规模。企业在慈善捐赠等社会公益行为方面的表现是影响投资者投资决策的重要因素（Legomsky，1999）。投资者的投资决策与第三方信誉评级机构对企业信誉的评级紧密相关。企业在慈善捐赠等方面社会公益行为的良好表现能够很大程度上提升企业的信誉评级，从而有利于投资者作出积极的市场反应。企业社会责任基金风行于西方发达国家，汇添富基金管理有限公司也升始设立了社会责任基金。企业社会责任基金对资本投向的主要参考因素就是企业的社会责任表现。本杰瑞公司（Ben & Jerry）是因从事社会公益行为而得到投资者青睐的典型代表，即使公司的回报率低于行业的平均水平，公司仍然获得了足够的外部资本（Fombrun & Shanley，1990）。

第二，消费者。在各类消费者群体中，消费者的地位较为突出，消费者是企业产品和服务的销售对象，消费者是企业赖以生存的基础。随着社会责任意识的普遍增强，很多消费者在购买产品和服务时不仅关注价格、质量以及安全性等产品和服务本身的因素，还关注产品的生产过程和企业的社会责任。企业的慈善捐赠等社会公益行为能够传达有关企业形象等特定信息，减少企业与顾客的心理距离，增强消费者的忠诚度（Johnson，1966）。现实中，在慈善捐赠等社会公益方面表现良好的企业能够受到广大消费者的惠顾，企业积极参与公益事业有利于产品的销售。1996年英国的国际调研公司发起了针对消费者行为的市场调研，数据显示，86%的被调查者表示在购买产品时愿意选择在慈善捐赠等社会公益方面表现较好的企业，86%的被调查者表示致力于改善社会生活环境的企业具有较为积极的社会形象；64%的被调查者表示企业应将慈善捐赠等社会公益行为纳入常规的管理实践活动（马尔科尼，2005）。

第三，员工。按照管理学大师德鲁克（2007）的观点，人是拥有特殊能力的资源，这种特殊能力包括协调能力和判断能力等（德鲁克，2007）。人力资源是企业最重要的无形资源和最宝贵的财富，创造对员工有凝聚力的企业文化，招聘到优秀人才、激励已有员工的工作热情事关企业的竞争优势。企业从事慈善捐赠等社会公益行为能够发挥吸引新员工和激励已有员工的效果，慈善捐赠能够使企业获得人力资源方面的竞争优势（Turban & Greening，1996；Porter & Kramer，2002）。

企业从事慈善捐赠等社会公益行为，能够有效吸引人才前来应聘。企业捐赠发挥人才招聘效应的路径如下：一方面，企业通过慈善捐赠等社会公益行为使所在的公共设施更加完善，也能改善社区居民的生活质量，有利于吸引具有特殊能力的人才。另一方面，企业从事慈善捐赠等社会公益行为能够提升企业的社会形象。积极参与捐赠等公益行为，企业的社会形象就会比较好，这有利于提高员工的社会地位。在慈善捐赠等方面表现较好的企业能够获得人才的良好印象，吸引更多的人才前来应聘，这将降低企业招聘到优秀人才的难度，增加企业的选择空间，节约招聘、培训等人力资源方面的成本支出，且有利于提升企业的竞争优势。根据2001年科恩罗珀公司所开展的一项调查，相对于报告了具有公益关联计划的企业，没有报告具有公益关联计划企业的员工认为企业的价值观值得骄傲的比重低出 38%（科特勒，李，2011）。科恩罗珀公司进行的另一项调查数据显示，在 1040 位具有代表性的成年人的样本中，80% 的人表示不愿意供职于一家被发现有不良社会责任问题的企业（科特勒，李，2011）。在现实的企业招聘中，例如 IBM、微软公司，都在招聘工作中展现企业在慈善捐赠等社会公益的成绩，这些企业的行为也表明慈善捐赠等企业的社会公益表现是应聘人员的重要考虑因素。根据网络影响（Net Impact）公司的调查数据，在 2100 位工商管理硕士的样本中，超过 50% 的人提出宁愿接受较低的工资而去一家具有良好社会形象的企业工作（科特勒，李，2011）。很多美国企业实施搭配捐赠策略，即每当员工参与捐赠，企业就相应搭配。搭配捐赠策略能够在很大程度上提高企业的亲和力和凝聚力。员工对慈善捐赠过程的积极参与还能够增加他们的自主性与责任心。

恰当的企业社会公益行为能够使员工共同参与社会公益行为，有助于增强员工的凝聚力。企业积极参与慈善捐赠等社会公益行为所形成的情感纽带能够增强员工对企业的归属感，有利于增进企业与员工之间的信任关系，进而有利于提升企业的人力资源绩效。

第四，供应商和合作伙伴。企业与供应商的关系决定了供应链整体的竞争力，企业间的战略联盟是影响当今企业经济绩效的重要因素，企业与供应商、合作伙伴的关系对企业都非常重要。组织恰当的慈善捐赠等社会公益项目能够改善企业与供应商和合作伙伴的关系。Fombrun（1996）的研究表明，企业从事慈善捐赠行为促使供应商对企业的声誉评估较高，慈善捐赠行为能够增强与供应商之间的信任关系，减少供应商对企业的监督和控制行为。

企业运用慈善捐赠改善与供应商、合作伙伴关系的较通行的做法是与供应商、合作伙伴共同举办社会公益项目，在参与社会公益活动的过程中企业与供应商、合作伙伴能够加深彼此的沟通和融合，创造企业与供应商、合作伙伴增进信任的机会，并将同时提升企业与供应商、合作伙伴负责任的社会形象，实现共赢的目标。以华联超市为例（杨团，葛道顺，2002）。华联超市注重通过社会公益项目来培养与供应商的密切合作关系，并与供应商通力合作创立了"华联供应商慈善帮困专项基金"。在共同设立的慈善基金会中，华联超市捐赠 200 万元，供应商集体捐赠 554 万元，基金会将社会公益的重点定位于帮助患病和生活困难的群体。在慈善基金会的创立与运行过程中，华联超市增进了与供应商的相互沟通和信任，增强了与供应商的良好关系。通过慈善基金会的运作，提升了华联超市与供应商整体的社会形象，在当地居民中留下良好口碑，实现了共赢目标。

第五，所在社区或政府。所在社区或政府对企业发展的作用非常关键。企业的慈善捐赠行为能够加强企业与所在社区或政府的沟通与合作，有利于企业塑造良好企业公民的社会形象，从而为企业营造有利的周边环境。

慈善捐赠等公益行为对所在社区和政府的影响体现在两方面（Porter & Kramer，2002）。一方面，慈善捐赠等社会公益行为能够改善企业的社会形象，获得所在社区和政府的认可，得到政府的信任和支持，有利于政府提供优惠的政策或减少对企业的限制性措施。企业捐赠有助于提升企业的影响力，增强企业存在的组织合法性。另一方面，企业通过慈善捐赠等社会公益行为改善所在社区的公共设施，这能够创造有利的要素条件。企业对所在社区的捐赠教育事业的公益行为能够提升所在社区的教育水平，从而为企业提供良好的人才储备。企业对所在社区其他领域的公益捐赠行为则能够改善基础设施条件等自然要素水平，这些要素均是企业生存发展至关重要的因素。企业的社会公益行为改善了企业的要素条件，有利于增强企业的竞争力。以摩托罗拉为例（徐雪松，任浩，2007）。在摩托罗拉开始进入中国市场时，希望工程在中国正在兴起，但是当时捐助希望工程的企业比较少，摩托罗拉则于此时将企业的慈善公益事业的重点确定在中国的教育事业。摩托罗拉参与了大量常规性的资助希望工程等社会公益行为。2003 年财富杂志对中国大陆的跨国企业进行了综合评估，摩托罗拉荣获"最能表现良好社会公德公司"赞誉。摩托罗拉公司坚持从事慈善捐赠等社会公益行为，获得了中国政府的信任，在社会公众心中留下良好印象，从而为企业营造出有利的外部环境。

第六，新闻媒体。作为信息传播的主力，新闻媒体对相关信息的报道和宣传能够引导舆论的走向，对企业的影响深远，而众多企业在处理与新闻媒体的关系时表现得非常谨慎(Fombrun & Shanley，1990)。通过与互联网等信息传播工具的结合，新闻媒体提升了对信息的传播能力，相关企业信息经过媒体的报道和宣传能够瞬间得到广泛传播。研究表明，企业积极从事慈善捐赠等社会公益行为能够吸引新闻媒体的关注，这将增加社会公众对企业从事社会公益行为的信息的知情度，增加企业的知名度，提升企业的社会形象(Fombrun et al.，2000)。当公司发生负面的社会责任事件时，新闻媒体的宣传同样能够加快丑闻信息的传播速度，这将增加利益相关者关注公司丑闻事件并采取制裁行为的可能性(Dyck & Volchkova，1995)。

企业捐赠对利益相关者关系作用的前提是企业捐赠能够获得利益相关者的积极响应。Godfrey(2005)、Klein et al. (2000)等指出，利益相关者对企业捐赠的响应主要受到利益相关者对企业捐赠动机评价的影响。如果利益相关者认为企业捐赠动机较为纯粹、真心为善的程度较高，企业捐赠促进了社会福利，则企业捐赠能够获得利益相关者较为积极的评价。当企业策略性地运用捐赠行为以巴结、影响特定群体并从中谋取利益，且没有促进社会福利，则利益相关者将认为企业捐赠的动机不纯，企业捐赠较难获得利益相关者的积极评价。

2.3.3 中国企业捐赠与利益相关者响应

已有研究表明，捐助慈善事业等企业社会责任行为对消费者购买意向和产品质量感知均有显著影响。企业捐赠行为得到了消费者的积极评价(周延风等，2007；张广玲等，2010)。捐赠作为企业承担社会责任的一种有效形式，能够引起社会公众的积极关注，能够使企业赢得政府的认同(李四海，2010)。

虽然慈善捐赠是中华民族优良的思想文化传统的重要部分，但是直到汶川大地震后我国企业踊跃参与灾难捐赠，我国企业捐赠才开始获得社会公众的广泛关注。中国社科院经济学部企业社会责任研究中心调查了普通民众对汶川大地震后企业赈灾捐赠行为的评价（钟宏武，2008）。中国社科院经济学部企业社会责任研究中心对北京市民众进行了拦截访问，结果显示，企业赈灾捐赠行为赢得了新闻媒体和社会公众的积极评价，企业通过参与赈灾捐赠提升了社会声誉，甚至某些企业因赈灾捐赠而声名远扬（钟宏武，2008）。

数据结果显示，总体而言，民众对企业赈灾捐赠的满意度接近100%，非常满意的民众比重为 29.5%，比较满意的民众比重为54.6%，一般满意的民众比重为 15.6%，而不满意的民众比重仅为0.3%。按企业产权性质分类的调查结果显示，对所有类型的企业赈灾捐赠的表现均很满意的民众比重为 38.2%，对国有企业的赈灾捐赠表现最为满意的民众比重为 31.3%，对民营企业的赈灾捐赠表现最为满意的民众比重为 23.2%，对外资企业的赈灾捐赠表现最为满意的民众仅占 3.7%，不满意的民众为 3.6%。

调查结果显示，对于处于高利润行业而捐款较少的企业，表示厌恶这些没有社会责任企业的民众比重为 36.9%，表示能够理解的民众比重为 35.7%，认为赈灾捐赠的多寡不是判断企业良善的标准的民众比重为 27.4%。针对企业以赈灾捐赠进行公益营销的现象，给予积极评价的民众比重为 74%，完全支持公益营销并认为社会利益和商业利益可以共存的民众比重为 40.9%，理解并认为公益营销方式较为高级的民众比重为 33.8%，认为公益营销的功利色彩太浓的民众比重为 25.3%，为此次赈灾捐款表现较好企业喝彩的民众比重为 81%。

调查结果显示，对于在赈灾捐赠中有的企业很慷慨而另外的企业却显得消极的现象，在购买产品或服务时肯定倾向于挑选慷慨捐赠企业的消费者比重为 42.4%，可能倾向于挑选慷慨捐赠的企业的消费者比重为 37%，可能不会倾向于挑选慷慨捐赠的企业的消费者比重为 7.1%，肯定不会选择慷慨的企业的消费者比重为4.2%，没有考虑过这个问题的消费者比重为 9.3%。谴责没有参与赈灾捐赠的企业的消费者比重为 67.4%，对于赈灾捐赠中表现消极的企业，谴责这些企业并抵制其产品和服务的消费者比重为15.4%，动员亲朋好友一起抵制这些企业的产品和服务的消费者比重为 17.2%，谴责这些企业却会由于产品好继续使用的消费者比重为 34.9%，不会因企业赈灾捐赠消极而减少购买其产品的消费者比重为 32.6%。

调查结果显示，表示赈灾捐赠行为是有利于企业的信息的投资者比重共计 95.9%。对于在赈灾捐赠中表现慷慨的企业，支持企业的捐赠行为并指出在国家有难之时企业应行善的投资者比重为 58.3%，支持企业的捐赠行为并指出赈灾捐赠利于企业长远发展的投资者比重为 37.6%。反对企业作为赈灾捐赠的主体并指出股东才是合适的捐赠主体的投资者比重为 2.5%。对于赈灾捐赠中表现较好的企业，将要购进这些企业股票的投资者比重为 18.7%，考虑购买这些企业的股票的投资者比重为 69.9%，不会购买这些企业股票的投资者比重为 2.9%。65% 的投资者表示考虑抛售在赈灾捐赠中表现吝啬企业的股票。对于在此次赈灾捐赠中表现很差的企业，将要抛售这些企业股票的投资者比重为 17%，将要继续持有这些企业股票的投资者比重为 7.5%。

总体而言，中国企业捐赠获得了利益相关者的积极响应，企业捐赠将能够增强企业与利益相关者的关系，构建企业关系资产，进而达到经济目标。然而，利益相关者响应的程度受到了企业捐赠动机的影响，利益相关者对有些企业捐赠动机的纯洁性给予了质疑，企业动机不纯降低了利益相关者的评价。2011 年 4 月以来，各界新闻媒体对号称"中国首善"的民营企业家陈光标的慈善捐赠进行了猛烈抨击，新闻媒体抨击民营企业家陈光标捐赠的重要原因就是认为陈光标的捐赠动机不纯(叶文添，方辉，2010)。

回顾企业捐赠与利益相关者的关系的文献发现，消费者、投资者、供应商等利益相关者群体对企业捐赠进行了积极响应，企业捐赠能够获得利益相关者的积极响应，企业捐赠产生保险效应的重要条件得以满足。已有研究表明，利益相关者对企业捐赠的响应主要受到利益相关者对企业捐赠动机评价的影响，企业捐赠动机的纯粹性和利他性影响到利益相关者对企业捐赠行为的响应。已有研究表明，总体而言，中国企业捐赠获得了利益相关者的积极响应。然而，部分中国企业捐赠由于动机不纯而受到新闻媒体等利益相关者的质疑，企业捐赠动机的不纯洁降低了企业捐赠获得利益相关者积极响应的程度。

企业捐赠产生保险效应的前提是企业捐赠能够获得利益相关者的积极响应。文献回顾发现，企业捐赠能够获得利益相关者的积极响应，企业捐赠产生保险效应的重要前提条件得以满足。然而，企业捐赠受到利益相关者积极响应的程度受到企业捐赠动机的影响。企业捐赠动机影响利益相关者对企业捐赠积极响应的程度，从而也将影响企业捐赠保险效应。深入研究企业捐赠保险效应，有必要对企业捐赠动机的文献进行梳理，从而考察和比较各类企业捐赠动机的纯粹性和利他性。

2.4　企业捐赠的动机

文献回顾发现，总体而言，企业捐赠能够获得利益相关者的积极响应，但是利益相关者对企业捐赠的响应受到企业捐赠动机的影响，企业捐赠动机的纯粹性和利他性将影响企业捐赠获得利益相关者积极响应的程度。在回顾企业捐赠与利益相关者关系文献的基础上，本书将对企业捐赠动机的相关文献进行回顾。本研究立足于中国转型经济的制度背景，将对中国企业捐赠动机的相关文献进行回顾。

学术界和实务界一直对企业是否应该从事慈善捐赠等社会公益行为存在较大的争议，以弗里德曼为代表的学者坚持认为倡导企业社会责任是破坏资本主义和动摇市场经济的根基。然而，现实中的企业捐赠行为越来越普遍。企业为何热衷于参与慈善捐赠行为呢？学者们对企业从事捐赠的动机展开了深入探讨，部分学者对企业捐赠的不同类型的动机进行了梳理和分类。

Eampbell et al. (2002)提出，企业捐赠动机可以划分为策略性动机、纯粹利他动机等。Schwartz(2003)则认为企业捐赠动机可以划分为经济动机、制度动机、道德动机等。Garriga & Mele(2004)提出，企业捐赠等社会责任行为的动机分为工具动机、政治动机、道德伦理动机和整合型动机等。Hagan & Harvey(2000)将企业捐赠的动机分为经济动机、道德动机和寻租动机等。Sanchez(2000)认为企业捐赠可以划分为利他动机、利润最大化动机、政治和制度动机。回顾已有的文献，本书将企业捐赠的动机划分为经济动机、道德伦理动机以及政治和制度动机。

2.4.1 企业捐赠的经济动机

企业捐赠的经济动机指的是企业的慈善捐赠行为具有盈利动机，企业捐赠具有战略性，即企业捐赠在有利于社会公益的同时增进企业的商业利益。企业捐赠的经济动机观符合传统经济学的经济理性假说，这已被大量研究文献所支持。

Johson(1966)指出，企业捐赠具有典型的经济动机，慈善捐赠是企业采取的重要的非价格竞争策略。在竞争程度接近完全竞争的产品市场中，企业利润有限，这种市场条件下企业没有多余的资源从事捐赠，接近完全垄断的产品市场条件下的企业则没有激励从事捐赠行为。寡头垄断的产品市场条件下的企业之间竞争激烈，寡头垄断市场条件下的企业广泛采用非价格竞争策略。作为非价格竞争策略，慈善捐赠将被寡头垄断市场下的企业广泛采用。因此，相对于竞争程度接近完全竞争的产品市场和接近完全垄断的产品市场，寡头垄断市场条件下的企业将更多地参与慈善捐赠行为。Johnson(1966)采用通行的产业分类方法，比较了不同竞争程度的产品市场企业从事捐赠行为的情况，研究结果发现，相对于竞争程度接近完全竞争的产品市场和接近完全垄断的产品市场，寡头垄断市场条件下的企业确实更多地参与慈善捐赠行为。Whithead(1976)运用多元回归分析方法的实证研究结果也发现，寡头垄断市场条件下的企业比竞争程度接近完全竞争的市场和接近完全垄断的市场的企业更多地参与慈善捐赠行为。Johnson(1966)、Whithead(1976)的实证研究结果支持了理论假设，即慈善捐赠是企业采取的非价格竞争策略，企业捐赠具有经济动机。

作为重要的差异化竞争手段，在产品促销方面，企业捐赠与广告的效果相似，企业捐赠与广告支出应该具有某种内在的关联。如果企业捐赠和广告支出是正相关的关系，表明企业是配套使用这两种促销手段；如果企业捐赠和广告支出是负相关的关系，表明企业是替代使用这两种促销手段。按照 Schwartz(1968)的观点，企业捐赠支出与广告支出的任何相关关系均能够说明企业捐赠受经济动机的影响。实证研究的结果都表明，企业捐赠和广告支出之间是密切相关的。Levy & Shatto(2009)等研究表明，广告支出和企业捐赠是正相关的关系。Leclair & Gordon(2000)的研究表明，企业捐赠和广告支出的关系随捐赠领域的不同而有所差异。

Hun(1986)等学者提出战略性企业捐赠的概念。Meson(1987)提出，为了实现企业捐赠的商业利益，企业必须对慈善捐赠行为有所规划，设定战略目标、指导方针、评估捐赠的收益。Wood(1990)对战略性企业捐赠进行了明确界定，即企业从事捐赠在实现社会利益的同时能够增进企业的商业利益。战略性企业捐赠理论有力支撑了企业捐赠的经济动机观，也正面回应了弗里德曼等学者的企业社会责任有害论的说法。根据战略性企业捐赠理论，从事捐赠的企业在表现善行的同时将增进企业的商业利益作为主要目标。

Porter & Kramer(2002)构建了一个被广泛引用的战略性企业捐赠的模型，即企业捐赠—竞争优势模型，表明企业的战略性捐赠可以提升企业的竞争优势，企业捐赠能够实现其经济动机。Porter & Kramer(2002)构建的理论模型的基本假设是企业捐赠是由经济动机来决定，企业策略性地谋划捐赠行为，从而改善企业生产经营的外部环境。根据 Porter & Kramer(2002)的观点，企业竞争优势与企业的外部竞争环境密切相关。教育、基础设施等要素条件、市场需求条件等构成了企业的外部竞争环境。在经济动机的驱动下，通过在某些特定领域从事慈善捐赠将企业的商业利益融入社会公益行为，这将对要素条件、市场需求等外部因素发挥作用，最终达到社会目标与经济目标。

企业高水平生产效率的实现依赖受过培训的工人、高水平的科研机构以及透明有效的行政管理程序等。企业的慈善捐赠通过提升教育培训水平等影响企业的要素条件。例如，美国一家电影制作公司梦想制造公司进行的一个社会公益项目，该项目的资助对象是公司所在地的洛杉矶地区来自低收入家庭的学生，项目的宗旨是培训这些学生掌握在娱乐业工作的必备技能。项目由梦想制造公司与洛杉矶地区的大学和高级中学合作开展，项目的核心内容是在大学和中学设立一门结合课堂教学和顾问指导的特殊课程。项目的社会收益是改善了地区教育体系，为低收入群体创造了更多的就业机会。参与项目的很多学生毕业后加入梦想制造公司，项目也促进了娱乐业产业集群的发展，这些都使梦想制造公司收益无穷。需求条件包括市场规模、产品标准的适宜性、当地消费者的精明程度等。慈善捐赠能够有效改善企业的需求条件。苹果电脑长期向学校捐赠电脑，这能够向年轻人介绍苹果的产品，一方面改善了学校的教学条件，另一方面扩大了苹果的潜在市场，并将学生和教师培训成精明的消费者。战略竞争环境指的是国家或地区的市场竞争规则、标准和激励措施，包括鼓励投资政策、保护产权政策和贸易开放度等。慈善捐赠在推动战略竞争环境的效率和透明度方面能够发挥很大影响。例如，由26家美国公司和其他国家的38家公司联合组建国际透明组织，该组织致力于揭露和阻止世界范围内的商业贿赂。透明国际组织将社会公众的视线集中到商业贿赂问题，有助于创造鼓励公平竞争和提高生产效率的环境，这使各地民众受益，使资助创立国际透明组织的公司更加容易进入各地市场。

高质量的支持性产业能够极大增强企业的生产效率。慈善捐赠能够促进支持性产业的发展，典型的例子是美国运通公司的一个公益项目。美国运通公司的信用卡业务很大程度上依赖于各地旅游相关产业的发展。自1986年开始，美国运通公司资助在各地中学举办培训项目，项目的核心是培训学生在航空、酒店等旅游相关产业的职业技能，内容包括教师培训、课程支持和顾问指导等。运通公司的培训项目已在10个国家超过3000所学校开展，招收超过12万名学生。运通公司的资助项目增加了当地的就业机会，提升了就业水平。很多受过运通公司资助项目培训的学生毕业后在旅游业供职，接受资助项目地区的旅游业竞争程度更高、成长更快，这都转化成运通公司的商业收益。

根据企业捐赠的经济动机观，企业捐赠的目标是商业利益的获得，企业从事捐赠应能提升企业绩效。然而，相关学者的研究结果并不支持企业捐赠能够提升企业绩效的观点。Orlitzky et al.（2003）

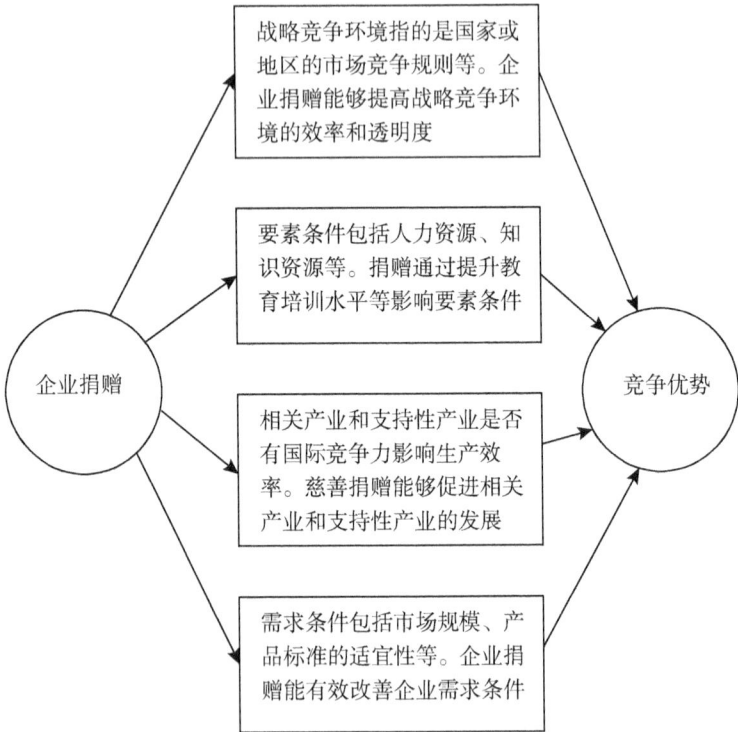

图 2-1　企业捐赠—竞争优势模型图

对企业社会责任及其子指标对企业财务绩效的影响进行了元分析，元分析的结果发现，企业捐赠能够提升企业财务绩效。Griffin & Mahon(1997)等在检验企业社会责任对企业财务绩效的影响时发现，企业捐赠并不能显著提升企业财务绩效。Berman et al. (1999)的研究发现，企业慈善捐赠等公益行为对企业财务绩效的提升作用不显著。有的学者没有基于企业社会责任的角度检验企业捐赠对企业财务绩效的影响，而是直接基于慈善捐赠角度检验企业捐赠对企业财务绩效的影响。Wokutch & Spencer(1987)的研究发现，企业捐赠对企业财务绩效有显著正向影响。Seifert et al. (2004)的研究发现，企业捐赠对企业财务绩效没有显著的正向影响。Patten(2008)基于 79 家美国上市公司，运用事件研究方法，检验了企业

34

捐赠的市场绩效，研究发现在发布企业捐赠公告的事件窗口为 5 天的累计异常收益率为正，表明企业捐赠引起了积极的市场反应，企业捐赠的市场绩效为正。Wang et al.（2008）基于 1987 年到 1999 年 817 家企业的面板数据研究发现，企业捐赠与企业财务绩效的关系是"倒 U"形的，即在企业捐赠金额小于某个限值前，企业捐赠能够显著提升企业财务绩效；在企业捐赠金额超过某个限值后，企业捐赠反而会降低企业的财务绩效。

学者们的研究结果未能得出企业捐赠提升企业绩效的结论，这对企业捐赠的经济动机观形成了一定的冲击，也表明企业捐赠还存在其他动机。

2.4.2 企业捐赠的道德伦理动机

企业捐赠的道德伦理动机是一种利他动机，也是非战略性动机。企业捐赠的道德伦理动机观认为，企业捐赠的动机是利他的，企业捐赠是以对社会有益为基准，企业从事捐赠的重要目标是有益于社会，企业捐赠没有为企业产生利润的操作性压力（Sanchez，2000）。基于企业捐赠的道德伦理动机观，企业从事捐赠行为只需追求社会目标，与企业的商业利益无关。已有研究对企业捐赠存在道德伦理动机给予了支持。关于企业捐赠动机的调研数据也显示，企业捐赠存在显著的利他动机。企业捐赠的道德伦理动机观认为，企业捐赠是企业的社会义务。相关研究从综合社会契约论、企业公民理论对企业捐赠的道德伦理动机进行解释。

综合社会契约论的基本概念由 Donaldson & Dunfee（1994，1995）提出，综合社会契约论为商业伦理提供了独到的见解，得到了学术界的认可。针对企业如何处理与社会关系的问题，综合社会契约论否定了传统经济理论的观点，即企业应该采取无视道德的方针。构建社会契约论的目标是回答企业为什么应该存在和企业行为如何才能算是合理的。Donaldson（1994，1995）提出企业不仅应该为股东创造财富，企业还应履行其他社会责任。根据综合社会契约论的观点，在市场经济条件下，企业管理决策应充分考虑员工、消费者等利益相关者的利益要求，企业应尽量避免做出伤害利益相关者的行为。

综合社会契约论由宏观社会契约论和微观社会契约论构成（Donaldson & Dunfee，1999）。宏观社会契约本质上是假设性的（Hypothesis），是不考虑不同经济区域差异性的契约安排。综合社会契约论的经济区域指的是在经济行为方面具有共同的道德标准的地区。在宏观社会契约论中各经济主体应遵循一些根本性的原则，这些原则是任何经济区域都应遵循的，Donaldson & Dunfee（2009）将这些根本性的原则称为超规范（Hypernorms）。超规范的具体内容是难以界定清楚的，Donaldson & Dunfee 以及 Kung 提供了有关超规范的最低标准。按照 Donaldson & Dunfee 的观点，超规范的最低标准包括产权保护、生存权、不受压迫的权利、健康权、最基本的受教育权、不受种族和性别歧视的权利等。按照 Kung（1991）的观点，超规范包括禁止谋杀、欺骗、偷窃和同情、尊重、关爱弱势群体等。

微观社会契约不是假设性的，而是实际存在的。微观社会契约代表了各经济区域存在的显性或隐性的契约安排。由于不同经济区域存在不同的商业道德准则，不同经济区域可能存在不同的微观社会契约，有时不同经济区域的微观社会契约甚至是冲突的。比如世界上有些地区允许存在性别歧视，而另一些地区性别歧视是违法的。根据综合社会契约论，不同经济区域的微观社会契约不能违背宏观社会契约的超规范，超规范提供了经济行为的基本道德边界。

企业捐赠能够在一定程度上保障经济上陷入困境的个人或群体的生存权和健康权，企业捐赠对保证贫穷地区孩子接受基础教育可以发挥巨大作用。企业慈善捐赠性行为能够使企业行为符合综合社会契约论的超规范，使企业在履行社会契约的前提下从事商业活动，有利于增强企业的组织合法性和企业的商业行为的合理性。

学者们提出企业公民理论的目的是阐明企业与民众、社会组织等的结构性联系和道德性联系，为企业的权利和义务提供指导（Logsdon & Wood，2002；Wood & Logsdon，1999；Jeanne & Donna，2002）。与个体公民概念一致，企业公民在享有权利的同时应该履行相应的义务。根据企业公民理论，企业是社会成员的一部分，是社会资源的集合体，增进社会利益是企业的义务。企业公民行为包括社区志愿服务活动、慈善捐赠等(Jeanne & Donna，2002)。按照企业公民理论的观点，企业利益和社会利益是没有冲突的。企业公民行为有利于建立与社会公众的良好关系，提高员工士气。企业公民行为不仅使社会受益，企业的商业利益也得以增加。企业公民的存在形态和身份与个体公民有差异，但二者都应遵循所在社区公认的道德价值体系。如果企业希望保持良好的社会地位，企业行为应符合当地的基本规范。企业应关注并促进社会的兴旺发达，为提升社会福利做出贡献。按照企业公民理论，企业的重要义务是推动社会公平(Logsdon & Wood，2002)。

随着跨国企业权利的提升，学者们提出了全球企业公民的概念(Bartlett & Ghoshal，1989；Daniels & Radebaugh，2000)。不同文化背景地区的企业应具有共同关注的公民权利和义务，商业实践应具有共同的行为准则，如破坏环境、剥削工人等行为在不同文化背景地区均是违背全球企业公民的基本义务的(Logsdon & Wood，2002)。

企业的社区志愿服务活动和慈善捐赠行为等企业公民行为是企业履行社会公民义务的基本表现。从企业公民理论看，慈善捐赠是企业促进社会福利的行为，是履行公民义务的主要内容之一，而利他性是企业捐赠的主要动机。

2.4.3 企业捐赠的政治和制度动机

根据企业捐赠的政治和制度动机观，政治和制度因素是企业从事慈善捐赠的驱动因素，企业从事慈善捐赠不是为了解决社会问题，而是保护企业的经营环境，维护企业的自主性，取得组织存在的合法性，保持企业的经济权利，或减少社会公众的负面冲击带来的企业风险(Holmes，1976；Burt，1983；Neiheisel，1994)。基于政治和制度动机下的企业捐赠行为的目标不是最大化商业利益，而是最大化企业的政治收益(Sanchez，2000)。

制度理论认为，企业慈善捐赠行为受制度因素的影响(Galaskiewicz，1997)。企业管理者、员工嵌入整个社会系统，社会系统能够对企业及其管理者、员工的行为施加重要影响(North,1990；Ostrom，1990)。在社会网络系统广泛传播的规范和标准不一定是有益于企业的，因为这些规范和标准通常形成于企业之外(Galaskiewicz，1997)。

学者们探讨了政府规制等制度因素对企业捐赠等社会公益行为的影响。在正式制度中，不仅法律规范的存在才是重要的，政府及相关规制力量对法律的监督也非常重要，因为政府失灵现象是广泛存在的(Stiglitz，2003)。企业不仅会抵制法律实施，也可能试图以某种方式控制或笼络行政规制人员，从而使监督法律执行的规制力量作出符合企业利益的行为(Bernstein，1955)。根据制度史观，相关社会成员在法律制度过程中的协商能够影响这些社会成员在随后的法律执行中的遵守情况(Lundqvist，1980)。在规制机构制度有关企业履行社会责任的法律条文时，如果企业参与了法律条文的制定和协商过程，则企业将自愿遵守有关企业社会责任的规定(Campbell，2006)。

根据制度理论，制度约束的有效性只有存在相应的监督和执行程序时才比较强。利益相关者对企业的监督有利于企业行为更加符合社会责任的要求。非政府组织在必要的时候将以各种方式迫使企业行为符合社会责任，这些方式包括直接呼吁企业、迫使地方政府强制企业履行社会责任以及动员媒体力量使社会公众关注企业的不道德行为(Mitchell et al.，1997)。

社会同构理论认为，同行压力等社会同构性压力是企业从事慈善捐赠等社会公益行为的动因(Marquis，2007)。Useem(1984)的研究结果发现，当同一城市其他公司普遍从事慈善捐赠时，企业面临着进行慈善捐赠的社会压力。不同企业高管在社会责任方面的交流能够提升企业社会责任水平。当企业高管中来自文艺机构或教育机构会员的比例越高，则企业对文艺和教育领域的慈善捐赠越慷慨(Useem，1991)。实证研究结果支持了社会同构理论。

在关于企业捐赠政治和制度动机的理论探讨中，企业捐赠的寻租模型引起了学者们的关注(Hagan & Harvey，2000)。根据企业捐赠寻租模型，企业捐赠可能被运用作为寻租的工具(Hagan &

Harvey，2000）。基于寻租动机的企业捐赠行为是为了影响政府决策，以促使政府减少市场竞争而增加企业的市场需求或获得更多的财政补贴而减少企业成本。企业捐赠是建立和维持政治关联的重要途径，有利于企业获得政策优惠（Sims，2003）。企业可以运用艺术赞助等公益行为游说政府官员等政策制定人员以及有权势的人，这时企业捐赠成为直接的可辨别的寻租方式。企业还可能赞助某个决策制定人员私人偏好的艺术展览会，这时的捐赠寻租动机较难辨别。企业是不愿意披露捐赠寻租的信息的。然而，企业运用捐赠影响决策者暗示企业的政治偏好才是企业捐赠的真实动机。

2.4.4　中国企业的捐赠动机

本书研究的制度背景是中国转型经济的背景，有必要研究中国企业的捐赠动机，以揭示出中国企业捐赠动机与国外企业捐赠动机具有差异的因素，从而提升本书的创新性和实践性。

2007 年中国企业家调查系统对中国企业的社会责任表现进行了调查，结果显示，企业从事慈善捐赠等社会责任行为最重要的三个动机依次是有效提升企业品牌的社会形象、为社会的发展做出贡献、获取政府的认同。其中，选择提升企业品牌社会形象的企业比例远高于为社会的发展做出贡献和获取政府的认同的企业比例。

提升企业品牌的社会形象是属于典型的经济动机，为社会的发展做出贡献可以被理解为是道德伦理动机，而获取政府的认同是属于政治和制度动机，可见，中国企业捐赠的动机比较复杂，三种类型的企业捐赠动机都在中国企业捐赠中得到体现。下文将详细阐述学者们对中国企业捐赠的各种动机。

山力威等（2008）基于 2008 年我国 5·12 大地震后企业捐赠的情景，检验了中国企业捐赠是否具有经济动机。实证结果发现，生产日化产品等与消费者直接相关产品的企业捐赠金额显著大于没有生产与消费者直接相关产品的企业。由于与消费者直接相关产品的广告作用大于没有与消费者直接相关产品，生产与消费者直接相关产品企业捐赠金额较大表明企业捐赠具有经济动机，企业捐赠具有类似广告的作用。

Meson(1987)、Porter & Crammer(2002)等的研究指出，策略性地规划企业捐赠行为有利于实现企业捐赠的经济动机。思科建设网络学校是西方企业策略性地运用公益慈善的典型例子。然而，张传良(2005)等学者的研究表明，与西方企业相比，中国企业捐赠的策略性不强。企业公益捐赠责任方面存在的问题主要是捐赠方针不明确以及捐赠行为尚不规范，缺乏科学性。

Porter & Crammer(2002)构建的理论模型表明，企业对捐赠领域的选择有利于实现其捐赠动机。2005年《中国企业家》杂志对中国企业和跨国企业的捐赠行为进行了深入调查，结果显示，国内企业捐赠最主要的领域是扶贫和赈灾，跨国企业捐赠最主要的领域则是教育和科研。跨国企业中进行社区志愿服务活动的比例远高于国内企业。前文的文献回顾表明，在教育和科研领域的企业捐赠能够改善企业在人才储备等方面的要素条件，教育科研捐赠是企业策略性捐赠选择的主要领域之一，而扶贫和赈灾捐赠的策略性则相对较低。从捐赠领域看，国内企业捐赠的策略性较低。社区志愿服务活动有利于企业与社区居民的沟通和交流，让员工参与社区志愿服务活动能够增强员工对企业的认同感。国内企业不重视社区志愿服务活动也表明中国企业捐赠的策略性较低。

企业捐赠是否纳入企业常规的管理实践也能说明企业捐赠策略性的程度。设立慈善基金会或其他专门负责策划慈善捐赠行为的部门是企业将慈善捐赠纳入常规管理实践的主要表现。《中国企业家》杂志的调查数据显示，国内企业设立慈善基金会或其他专门负责策划慈善捐赠行为的部门的比例是15.4%，跨国企业的比例则高达54.5%。调查数据表明，国内企业较少将慈善捐赠纳入常规管理实践，国内企业捐赠的策略性较低。

学者们对中国企业捐赠与企业绩效的关系进行了实证研究。与基于西方企业捐赠的研究结果相似，实证研究结果出现了分歧。Su & He(2010)基于2006年3837家中国民营企业的随机调查数据，检验了企业捐赠的增值效应。研究发现，企业捐赠对企业利润有显著正向影响。Wang & Qian(2011)基于2001年到2006年的中国上市公司数据，检验了企业捐赠对企业财务绩效的影响，研究发现，企业捐赠对企业财务绩效有显著正向影响。李越东和张会芹（2010）对资本市场对我国5·12大地震后企业捐赠事件的反应进行了检验。李越东和张会芹在研究结果中发现，企业捐赠金额越大，捐赠越及时，则资本市场的反应越正面；企业捐赠的市场反应与产权性质有关，国有企业捐赠受到的市场反应比民营企业捐赠较为正面。宋林和王建玲（2010）在研究中发现，企业捐赠能够提升企业的经济绩效，不同产权性质的企业捐赠行为具有显著的差异，民营企业捐赠的策略性高于国有企业。杜兴强和杜颖洁（2010）检验了企业捐赠对财务绩效和市场绩效的影响，研究发现，企业捐赠能够显著提升企业的财务绩效和市场绩效，企业捐赠能够产生正面的经济后果。然而，方军雄（2009）的实证研究结果表明，企业捐赠并不能显著提升企业经济绩效。石磊等（2010）的实证研究发现，企业捐赠产生了显著负面的经济后果。

与基于发达国家资本市场数据的实证研究结果相似，已有研究对中国企业捐赠是否能够提升企业绩效并没有达成一致的结论，部分研究得出企业捐赠能够显著提升企业绩效的结论，另外一部分研究却得出企业捐赠降低了企业绩效的结论。实证研究结果表明，中国企业捐赠的经济动机观不能有力地解释中国企业的捐赠行为，中国企业捐赠还具有非商业的考虑。

张同龙（2011）基于中国12个城市1268家企业捐赠行为的调查数据的实证研究在一定程度上揭示了中国企业捐赠的动机，回答了中国企业捐赠是否具有利他动机的疑问。这项大样本研究结果显示，在控制自利动机对企业捐赠影响的基础上，利他性动机能够显著影响中国企业的捐赠行为，这项研究显示，中国企业的捐赠行为有显著的利他动机。一份来自2004—2006年长三角地区有关企业捐赠行为的调查数据显示，与外资企业的捐赠行为相比，国内企业捐赠的动机更加纯粹、利他性更强，造福社会和寻求成就感是广大中国企业从事慈善捐赠行为的基本动因（田雪莹，叶明海，2009）。相对于外资企业的慈善捐赠，中国企业捐赠行为没有明显的商业动机，而具有更加浓厚的民族情感色彩，更加重视精神方面的因素。张同龙（2011）、田雪莹和叶明海（2009）的大样本调查研究结果显示，中国企业捐赠具有利他动机，具有较为淳朴的为善理念，中国企业捐赠具有道德伦理动机。

钟宏武(2007)的研究表明，相对于西方发达国家企业的慈善捐赠，中国企业捐赠的寻租动机比较普遍，并且中国企业的捐赠寻租对象主要是政府部门。西方发达国家具有一套程序化的政治寻租方式，如对所支持的总统候选人选举活动的赞助，直接游说关键的政策制定人员，而这些政治寻租活动在中国存在较大的政治风险和法律风险。企业捐赠寻租的隐蔽性较强，企业捐赠的寻租动机也很难辨别，捐赠方式的企业寻租行为的政治风险和法律风险较低。在转型经济的制度环境下，中国企业与各级政府的关系是企业生存发展至关重要的资产。企业建立和维持与政府的关系有利于减少政府对企业正常生产经营行为的不合理干预，有利于企业获得税收等方面的政策优惠。中国企业捐赠具有较大的政治收益。与西方国家企业的捐赠寻租行为相似，中国企业的捐赠寻租行为并不容易辨别。钟宏武(2007)指出，企业捐赠的寻租收益越大，则企业捐赠的寻租动机越强烈。总体来看，民营企业捐赠的寻租动机比国有企业更加强烈，因为民营企业捐赠的寻租收益较大。

Ma & Parish(2006)认为，中国社会组织力量较为薄弱，大部分的社会捐赠通常是政府当局来募集。为了鼓励企业从事慈善捐赠行为，政府会任命在慈善捐赠方面表现突出的企业家为政协委员。企业家成为政协委员能够增强企业的政治地位，获取政治收益，这将鼓励企业从事捐赠行为。Su & He(2009)的研究表明，企业捐赠有利于获得产权保护、建立和维持政治关系等政治收益，且企业捐赠的政治收益在市场化程度较低地区和法制化程度较低地区更大。

总体而言，中国企业捐赠同时具有经济动机、道德伦理动机、政治和制度动机。与西方企业捐赠相似，中国企业捐赠具有经济动机，中国企业捐赠也同样不一定能实现经济目标。相比于西方跨国公司，中国本土企业捐赠造福社会的动机更加强烈。由于制度环境的特殊性，中国企业捐赠的寻租动机比西方企业较为普遍。

回顾企业捐赠动机的文献发现，虽然已有研究深入考察了各类企业捐赠动机，但是已有研究并没有深入比较各种企业捐赠动机的差异性，尤其没有比较各类企业捐赠动机的纯粹性和利他性。

2.5 研究机会

现有企业捐赠保险效应的研究均基于成熟市场经济国家的制度背景，缺乏中国转型经济的制度背景下企业捐赠保险效应的研究。企业捐赠保险模型是 Godfrey 等学者基于成熟市场经济国家的制度背景所构建的，而中国转型经济的制度背景与成熟市场经济的制度背景差异很大。根据企业捐赠保险模型，企业捐赠保险效应的发挥需要一系列假设条件，如企业捐赠行为符合所在社区的价值观、利益相关者对企业捐赠行为和捐赠动机的积极评价、资本市场是非完全效率的。理论模型推演的结果严格依赖于模型所做出的假设。作为世界上最大的发展中国家，中国的社会主义市场经济改革已持续四十多年，转型经济的特征在中国较为明显。在中国转型经济的制度背景下，企业捐赠保险模型的一系列假设条件成立吗？如果照搬西方学者的研究成果得出而不考察企业捐赠保险模型在中国条件下的成立情况，研究结果很可能不符合实际情况，甚至可能得出相反的结论。本书将基于中国转型经济的制度背景，对企业捐赠保险模型的一系列假设条件在中国制度背景下的使用情况进行深入探讨，以得出切合实际的研究结论。企业捐赠保险模型在中国转型经济的制度背景的运用，扩展了企业捐赠保险模型适用的范围，对企业捐赠保险效应的研究仅局限于成熟市场经济国家的状况是极大突破。

学者们已开发了企业捐赠保险模型等企业捐赠保值效应的理论模型，部分学者基于资本市场的数据对企业捐赠的保险效应进行了检验。虽然已有学者阐述了企业捐赠产生保险效应的机理，但是企业捐赠保险效应的影响因素和作用机理的阐述仍显得较为薄弱。

根据企业捐赠保险模型，企业捐赠的保险效应受到利益相关者对企业捐赠的响应程度的影响。本书对企业捐赠与利益相关者关系的文献回顾发现，总体而言，企业捐赠能够获得利益相关者的积极响应，企业捐赠产生保险效应的重要前提条件得以满足。虽然总体上企业捐赠能够获得利益相关者的积极响应，但企业捐赠的动机影响了利益相关者积极响应的程度。企业捐赠动机的利他性、纯粹性关系到利益相关者对企业捐赠的评价和保险效应的大小，企业捐赠动机的利他性、纯粹性是影响企业捐赠保险效应的关键要素。本书在归纳和提炼已有企业捐赠动机研究的基础上，将企业捐赠的动机划分为经济动机、道德伦理动机、政治和制度动机。已有研究对企业捐赠的各种动机分别进行了详细阐述。然而，已有研究并没有对企业捐赠的各种动机进行比较，也没有深入考察各种企业捐赠动机的纯粹性和利他性。

文献回顾发现，企业捐赠动机影响利益相关者对企业捐赠行为的响应，从而影响企业捐赠的保险效应。然而，企业捐赠保险模型并没有深入考察企业捐赠动机对企业捐赠保险效应的影响。可见，企业捐赠保险效应的作用机理还有进一步探讨的空间。

针对企业捐赠保险效应作用机理的研究还存在进一步完善的研究机会，本书从企业捐赠动机的视角深入考察了企业捐赠动机对企业捐赠保险效应的影响。本书将力图弥补企业捐赠保险效应作用机理研究的不足，从更多视角来探讨企业捐赠保险效应的作用机理。本书在深入考察中国企业捐赠动机的基础上，结合制度理论、寻租经济学等理论，对企业捐赠的各种动机的利他性和纯粹性进行了区分。本书在区分企业捐赠动机的利他性和纯粹性的基础上，研究了企业捐赠动机对企业捐赠保险效应的影响。本书通过将企业捐赠动机引入企业捐赠保险模型，丰富了企业捐赠保险效应作用机理的研究，进一步完善了企业捐赠保险模型。

根据企业捐赠政治和制度动机观，企业捐赠动机决定于企业所处的制度环境，而企业捐赠动机是企业捐赠保险效应的重要影响因素，因此，制度环境可能将影响企业捐赠保险效应。然而，已有企业捐赠保险效应研究均是基于成熟市场经济国家的制度背景，主要探讨企业捐赠是否存在保险效应，仅考察了组织因素、行业因素和事件因素对企业捐赠保险效应的影响，缺乏考察制度因素的作用。现阶段中国仍处于转型经济时期，各地的市场化程度具有显著差异。考察中国转型经济的制度因素对企业捐赠保险效应的影响为本书提供了研究机会。本书将市场化程度因素引入企业捐赠保险模型，考察制度因素对企业捐赠保险效应的影响，这将拓展企业捐赠保险效应的理论研究。

第3章　理论框架与研究假设

3.1　研究框架

通过以上的文献回顾可以发现，企业捐赠是最高层次的企业社会责任和企业公民行为的核心内容，学术界和实业界对企业捐赠的经济动机和效应展开了争辩。大部分研究者认为，企业捐赠不是纯粹的利他行为，企业捐赠具有战略性，即企业捐赠在满足社会利益的同时增加了企业的商业利益。在企业捐赠的增值效应研究方面，已有较为成熟的理论模型，实证研究也很多。然而，很少有学者对企业捐赠的保值效应进行研究，理论模型和实证研究较为匮乏，还没有学者针对中国转型经济的制度背景系统性地研究企业捐赠的保值效应。

本书将借鉴企业捐赠保险模型，立足于中国转型经济的制度背景，系统性地研究企业捐赠的保值效应。本书阐明了中国企业捐赠产生保险效应的作用机理，研究了中国特有的制度因素对企业捐赠保险效应的影响。

根据本书的理论阐述，中国企业捐赠能够产生道德声誉资本，且中国资本市场属于非效率市场。根据企业捐赠保险模型，中国企业捐赠将具有保险效应，即企业捐赠具有在公司负面事件发生时为股东财富提供保值的效应。

根据企业捐赠保险模型，企业与利益相关者关系的价值越高，则企业捐赠的保险效应越强。通过将无形资产价值和企业与利益相关者的关系资产价值联系，本书认为，无形资产价值将影响企业捐赠的保险效应。本书区分了不同性质的企业负面事件，同时认为事件因素也将影响企业捐赠的保险效应。已有研究表明，烟草等社会危害类行业企业捐赠存在赎罪或弥补动机，这影响了利益相关者对这些企业捐赠的评价，进而影响了企业捐赠的保险效应。已有研究表明，环境敏感型行业企业捐赠也可能存在弥补动机，这将使利益相关者对环境敏感型行业企业和非环境敏感型行业企业捐赠行为的评价不同，进而导致环境敏感型行业企业和非环境敏感型行业企业捐赠保险效应存在差异。因此，本书认为，行业性质也将影响企业捐赠的保险效应。

回顾已有的文献发现，企业捐赠动机是影响利益相关者评价企业捐赠行为的关键因素，企业捐赠动机的纯粹性和利他性关系到利益相关者对企业的捐赠行为作出积极响应的程度和企业捐赠保险效应的大小。通过考察和比较各种企业捐赠的动机，运用寻租理论，本书提出企业捐赠的寻租动机比其他捐赠动机的纯粹性和利他性较低。企业捐赠的寻租动机较强，则企业捐赠动机的纯粹性和利他性较低，企业捐赠的保险效应较低。考察中国转型经济的制度特征发现，改革开放以来，中国的市场化进程并不是单纯的某个规章制度的变革，而是一系列经济、社会、法律以及政治体制的变革，各省区的制度环境可能极为不同（樊纲等，2010）。本书研究表明，在中国转型经济的制度背景下，市场化程度和产权性质将影响企业捐赠寻租动机的强弱。因此，笔者认为，市场化程度和产权性质将影响企业捐赠的保险效应。

总的来说，通过对文献的回顾和理论的推导，本书的研究建立了如下的概念框架：

中国企业捐赠具有保险效应，即企业捐赠能够减缓企业负面事件发生时股东财富的损失。按照常规做法，以企业负面事件发生时累计异常收益率来衡量股东财富损失的幅度。具体而言，前期参与捐赠的企业比没有参与捐赠企业的负面事件发生时的累计异常收益率较高；企业前期捐赠的金额越大，企业负面事件发生时的累计异常收益率越高。

本书的研究将无形资产价值、产权性质、行业性质、事件性质和市场化程度分别归类为组织因素、行业因素、事件因素和制度因素，企业捐赠保险效应受到组织因素、行业因素、事件因素和制度因素的影响。在组织因素方面，无形资产价值、产权性质将影响企业捐赠的保险效应。具体而言，相比于拥有较少无形资产价值的企业，拥有较高无形资产价值企业前期参与捐赠提升企业负面事件发生时的累计异常收益率的效果更强；相比于拥有较少无形资产价值的企业，拥有较高无形资产价值企业前期捐赠金额与企业负面事件发生时的累计异常收益率的正相关关系更强；与国有企业相比，民营企业前期参与捐赠提升企业负面事件发生时的累计异常收益率的效果更弱；与国有企业相比，民营企业前期捐赠金额与企业负面事件发生时的累计异常收益率的正相关关系更弱。在行业因素方面，企业所属行业是不是环境敏感型行业将影响企业捐赠的保险效应，即相对于非环境敏感型行业的企业，环境敏感型行业的企业前期参与捐赠提升企业负面事件发生时的累计异常收益率的效果较弱；相对于非环境敏感型行业的企业，环境敏感型行业的企业前期捐赠金额与企业负面事件发生时的累计异常收益率的正相关关系较弱。

在事件因素方面，企业负面事件是不是竞争性事件将影响企业捐赠的保险效应，即相对于非竞争性负面事件，竞争性企业负面事件发生时企业前期参与捐赠提升累计异常收益率的效果较弱；相对于非竞争性负面事件，竞争性企业负面事件发生时企业前期捐赠金额与累计异常收益率的正相关关系较弱。

在制度因素方面，市场化程度将影响企业捐赠的保险效应，即相对于市场化程度较低地区的企业，市场化程度较高地区的企业前期参与捐赠提升企业负面事件发生时的累计异常收益率的效果较强；相对于市场化程度较低地区的企业，市场化程度较高地区的企业前期捐赠金额与企业负面事件发生时的累计异常收益率的正相关关系较强。

本书的概念框架可以用图3-1表示。

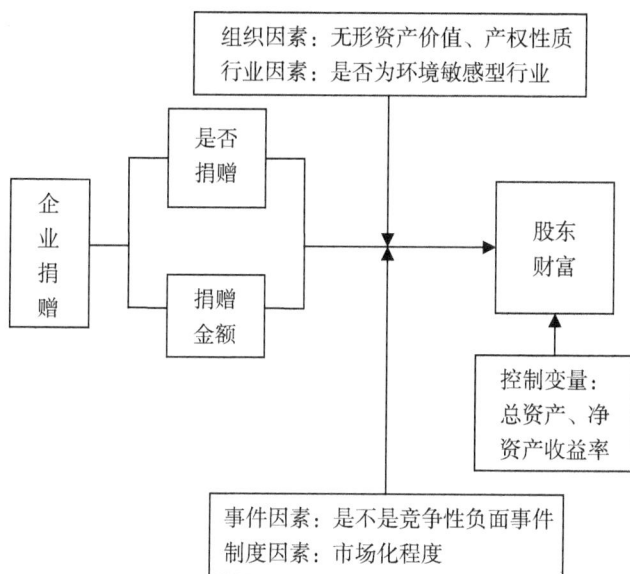

图 3-1　研究框架图

3.2　中国制度背景下企业捐赠的保险效应

在中国转型经济的制度背景下，企业捐赠具有保险的效应吗？中国背景下的特定制度因素能够影响企业捐赠的保险效应吗？或者，中国企业捐赠保险效应与发达国家并没有区别，特定制度因素不发挥作用？

根据企业捐赠保险模型，企业捐赠产生保险效应的条件包括企业捐赠行为符合企业所在社区的价值观、企业捐赠受到利益相关者的积极响应、企业所在的资本市场是非完全效率的等。本书基于中国转型经济的制度背景，研究企业捐赠是否具有保险效应。首先论述企业捐赠行为是否符合企业所在社区的价值观和企业捐赠是否受到利益相关者的积极响应，以探讨中国制度背景下企业捐赠是否能够产生道德声誉资本。其次，将对中国资本市场的效率进行阐述。在阐明中国转型经济背景下企业捐赠保险效应所需具备的几个条件

49

的基础上，本书将提出相应的假设。

慈善事业在我国具有悠久的历史，慈善思想是儒家、道家等中国传统文化思想的重要组成部分。儒家文化中的"仁爱"可谓是儒家思想的核心内容。孔子提出"仁者爱人"之说，并将其作为人的本性，孔子还将"尚仁爱"的理论进一步系统化，大力倡导"仁"与"义"，为儒家慈善观的形成奠定了理论基础（周秋光，曾桂林，2007）。孟子提倡"仁"与"爱人"，以事亲为始向更宽泛的非血亲人际关系推衍，"仁"由"亲亲"而推及"仁民"，亲亲而仁民，仁民而爱物（周秋光，曾桂林，2007）。

从孔子仁者爱人的仁爱思想到孟子"不忍人之心"的仁政主张，儒家思想中内含的慈善理论逐渐丰富和完善起来，为后世的慈善机构提供了有价值的思想渊源，民间社会由这种仁爱慈善观衍生出尊老爱幼、孝慈为怀、济人危难、助人为乐等中华民族优秀的道德品质，进而促成了中国民众乐善好施风尚的形成。儒家倡导民本思想，民本思想在实践上则主张"惠民"，实施仁政，被视为"君子之道"的表现之一。"惠民"主张则是现代中国慈善观的重要源泉，也成为后来社会慈善观的一个源泉。

道家文化典籍蕴含了十分丰富的人文伦理思想，其中"赏善罚恶，善恶报应"等道德观念成为古代中国传统慈善事业发展进程中一个重要的思想源头（周秋光，曾桂林，2007）。道家经典《太平经》主张通过施爱于他人来寻求长生不老，"承负说"认为自身行大善、积大德就可以避免祖宗的余殃，造福于后代。《太平经》提出"太平世道"的理想境界，要求道众敬奉天地，主张"乐生""好善"的教义，由此形成了"乐以养人""周穷救急"的慈善观（周秋光，曾桂林，2007）。《太平经》"承负说"是在"积善余庆、积恶余殃"的善恶报应论和天人感应思想的基础上发展而来的，"承负说"认为任何人的善恶行为不仅自身有报应，而且对后世子孙也有影响；人的今世祸福也都是先人行为的结果。"承负说"亦成为后世慈善活动的依据。

佛教有"修福田，布施"之说，劝导世人多行善举。佛教由西域传入，伴随着与中国传统伦理的不断融合，逐步实现了本土化。

佛教以通俗的教化劝导人们止恶从善，避恶趋善。所谓福田，就是行善有如农民播种于田，必有秋收之获，多行善事于前，将会受诸报于后。"福田"说劝导世人多行善举，多积功德。

儒家文化、道家文化和佛教的慈善思想在现代中国仍广为流传，对现代中国社会公众的慈善观有重要影响。企业通过捐赠而造福社会，符合中国传统文化思想的价值要求。

20世纪80年代西方社会兴起企业社会责任运动，要求企业承担更多的社会责任，这对逐步融入全球经济的中国企业有重要影响。20世纪70年代，美国已有48个州通过了法案，明确支持注册公司可不通过特别的章程条款来资助慈善事业（马力，齐善鸿，2005）。到20世纪90年代中期，美国约有60%、欧洲约有一半的大公司设有专门的伦理机构和伦理主管，负责处理各种利益相关者对企业发生的不正当经营行为所提出的质疑（马力，齐善鸿，2005）。1999年经济合作与发展组织（OECD）公布的《公司治理结构原则》明确指出：公司治理结构的框架应当确认利益相关者的合法权利，公司的竞争力和最终成功是集体力量的结果，体现各类资源做出的贡献，包括投资者、雇员、债权人和供应商；2004年经济合作与发展组织公布的《公司治理准则》扩展了对"利益相关者"的定义范围和重视程度（马力，齐善鸿，2005）。1997年，总部设在美国的社会责任国际（SA8000）发起并联合欧美跨国公司和其他国际组织，制定了SA8000社会责任国际标准，建立了SA8000社会责任管理体系认证制度（唐兴华，2006）。SA8000社会责任国际标准的核心内容是要求企业在盈利的同时承担对利益相关者的责任，以确保供应商所供应的产品符合社会责任标准的要求，并要求公司拒绝进口那些没有达标的供应商产品。源于西方消费者价值观的社会责任约束浪潮已经在国际产品与服务领域兴起，对中国企业履行社会责任形成了有力的外部约束。

改革开放以来，中国经济持续高速增长的同时，"高投入、高消耗、高污染"的粗放型增长模式也给中国社会造成了剧烈的冲击。中国企业成长的同时，也输出了"外部性"，排放了大量工业污染物，空气、水等重要资源受到污染，假冒伪劣产品充斥市场，安全生产事件经常发生。近年发生的石油泄漏事件、三聚氰胺事件等一系列事件，更是引起了社会公众对企业承担社会责任的高度关注。在这种背景下，中国政府出台了大量政策、法律和文件，要求企业履行社会责任。2001 年初，政府颁布《中华人民共和国安全生产法》；2003 年 1 月开始施行《清洁生产促进法》，规定了企业的环保义务；2005 年全国人大代表大会通过的《公司法》则是中国立法史上第一次提及"企业的社会责任"；2010 年 9 月公布了《上市公司环境信息披露指南》，要求包括火电、钢铁、水泥等 16 类重污染行业上市公司应当发布年度环境报告，定期披露污染物排放情况等方面的环境信息。上交所、深交所等上市公司监管机构也出台了企业履行社会责任的强制规定。企业是否具有社会责任关系到企业存在的组织合法性。作为企业社会责任的最高形式和企业公民行为的核心内容，企业捐赠表现了企业具有高度的社会责任水平，显示了企业较高的价值水准。

　　企业捐赠不仅符合中国传统文化思想的价值要求和现阶段中国社会各界对企业履行社会责任的期望，也得到了我国政府出台的相关法律法规文件的明确鼓励和支持。《中华人民共和国公益事业捐赠法》第八条规定：国家鼓励企业对公益事业进行捐赠；对公益事业捐赠有突出贡献的企业，由人民政府或者有关部门予以表彰；第二十四条规定：企业捐赠财产用于公益事业，依照法律、行政法规的规定享受企业所得税方面的优惠。《中华人民共和国企业所得税法实施条例》等法律法规对企业捐赠给予了税收优惠政策，企业用于公益、救济性的捐赠金额从最初在年度应纳税所得额 3% 的扣除比例逐步提高，与全额扣除并存适用，而且全额扣除的范围日益扩大，体现了国家通过税收优惠政策对企业的公益救济性捐赠的支持和鼓励（乔亮国，2006）。

　　可见，在中国制度的背景下，企业捐赠具有合法性，符合我国社会公众的价值观。根据企业捐赠保险模型，企业捐赠行为能否产生道德声誉资本有两个条件，即捐赠行为符合企业所在社区的价值观和企业捐赠的动机受到利益相关者的积极评价。既然中国企业捐赠符合中国社会民众的价值观，则企业捐赠能否产生道德声誉资本在于能否获得利益相关者的积极响应。

一项基于中国 12 个城市 1268 家企业捐赠行为的调查数据的实证研究结果显示，在控制住自利动机影响企业捐赠的渠道后，中国企业的捐赠行为背后有显著的利他动机在起作用(张同龙，2011)。调查数据显示，中国企业的捐赠行为有显著的利他动机。一份来自 2004—2006 年长三角企业的调查数据显示，国内企业的慈善参与理念处于单纯利他的阶段，企业的捐赠活动大多出自造福社会、寻求自我实现的成就感或是企业经营者的为善理念(田雪莹，叶明海，2009)。国内企业捐赠活动更多地带有民族情感和个人意愿成分，更注重人类的社会需求和精神层面的平衡(田雪莹，叶明海，2009)。企业捐赠行为是否有利他动机影响利益相关者的评价，中国企业捐赠具有显著的利他动机，有利于利益相关者作出积极评价。已有研究表明，捐助慈善事业等企业社会责任行为对消费者购买意向和产品质量感知均有显著影响，企业捐赠行为得到了消费者的积极评价(周延风等，2007；张广玲等，2010)。中国社科院企业社会责任研究中心的随机调查数据显示，投资者关注并认可中国企业的捐赠行为。捐赠作为企业承担社会责任的一种有效形式，能够引起社会公众的积极关注，能够使企业赢得政府的认同(李四海，2010)。研究显示，中国企业的捐赠行为能够取得消费者、投资者、政府等利益相关者的积极评价。

根据上文的论述，中国企业的捐赠行为具有合法性，符合社会公众的要求，企业捐赠改善了企业与利益相关者的关系，获得了利益相关者的积极评价。根据企业捐赠保险模型，中国企业捐赠能够产生积极的道德声誉资本。公司负面事件发生时，前期参与捐赠的中国企业拥有道德声誉资本，利益相关者将放弃对这类企业的制裁行为或降低对这类企业制裁行为的强度，前期参与捐赠的企业关系资产受损的风险得以降低。

企业关系资产受损的风险属于上市公司的非系统风险。非系统风险与系统风险共同构成了上市公司存在的风险。系统风险(Systematic Risk)又称市场风险或不可分散风险，是由于某种因素的影响和变化，导致股市上所有股票价格的下跌，从而给股票持有人带来损失的可能性。系统风险的诱因发生在企业外部，上市公司本身无法控制它，其带来的影响面一般都比较大。非系统风险又称非市场风险或可分散风险，是对个别公司的股票价格产生影响的风险，它通常是由某一特殊的因素引起，与整个证券市场的价格不存在系统、全面的联系，而只对个别上市公司的收益产生影响。非系统风险是发生于个别公司的特有事件造成的风险。

非系统风险的降低只有在证券市场的非完全效率下才能增加股东财富（Smith & Stulz，1985；Stultz，2002）。证券市场的非完全效率假设是相对于证券市场的完全效率假设的。在证券市场的完全效率假设成立的条件下，股票价格反映的信息不仅包括所有有关历史数据和所有可利用的相关公共信息，还包含了只应为少数人，如经理、董事会和私人银行家等知道的信息。在证券市场的完全效率假设成立的条件下，不管投资者拥有何种信息都无法获取超额收益。非完全效率假设成立的条件下，股票价格反映的信息没有完全包括所有有关历史数据、公共信息或私人信息，投资者通过分析有关历史数据、公共信息或私人信息可获取超额收益。

已有大量文献对中国资本市场的效率进行了理论研究和实证研究，这些研究结果均表明，中国资本市场没有达到完全市场效率，中国资本市场仍属于非完全效率的资本市场（吴世农，1996；骆祚炎，2003）。在中国资本市场条件下，非系统风险的降低能够增加股东财富，公司负面事件发生时企业关系资产受损风险的降低能够保护股东财富。根据企业捐赠保险效应模型，中国企业的捐赠行为具有保险效应。

中国企业前期捐赠行为产生的道德声誉资本能够降低公司负面事件发生时企业关系资产受损的风险。在非完全效率的中国资本市场条件下，企业非系统风险的降低能够增加股东财富。因此，在发生负面事件的情境下，中国企业前期捐赠产生的道德声誉资本降低了企业关系资产受损的风险、减缓了股东财富的损失。另一方面，企业捐赠具有信号作用，前期参与捐赠行为的企业实际上是向投资者发送企业拥有道德声誉资本的信号，而道德声誉资本在公司负面事件发生时具有减缓股东财富损失的作用。因此，在公司负面事件发生时，相对于前期没有参与捐赠的企业，投资者将对前期参与捐赠企业做出较为积极的市场反应，前期参与捐赠企业的股东财富受损幅度较低。

　　根据企业捐赠保险模型，企业捐赠保险效应的发挥需要经历三个路径，即捐赠产生道德声誉资本、道德声誉资本降低企业负面事件发生时关系资产受损的风险、关系资产受损风险的降低能够为股东财富保值。那么，企业捐赠保险效应的实证研究是否需要对各路径分别提出假设并论证？Godfrey（2009）指出，企业捐赠保险效应进行分步论证是无法实现且没有必要。首先，企业捐赠产生保险效应的第一步的逻辑，即企业捐赠产生道德声誉资本，是已获得大量理论研究和实证研究支持的；第二步的逻辑成立的关键在于道德声誉资本对利益相关者对企业违规行为动机评估的影响，而这个心理过程是无法观察和无法度量的；第三步的逻辑的成立关键在于资本市场的效率，即使是美国等发达国家，完全效率市场假说也是难以成立（Godfrey，2009）。因此，企业捐赠保险效应的实证研究不需要分步论证（Godfrey，2009）。企业捐赠产生保险效应需要经历三个步骤，从实证的角度，对企业捐赠保险效应的检验无需分步进行，只需检验企业前期的捐赠表现对负面事件发生时股东财富的影响（Godfrey，2009）。

　　本书的论述表明，在中国制度背景下，企业捐赠能够产生道德声誉资本，且中国资本市场是非完全效率的。参照 Godfrey（2009）的做法，在检验中国企业捐赠的保险效应时，本书只提出企业捐赠对负面事件发生时股东财富影响的研究假设，并给予论证。

　　按照常规做法，本书以发生公司负面事件时企业累计异常收益率来衡量股东财富的变化幅度，累计异常收益率越高，则股东财富损失幅度越小；累计异常收益率越低，则股东财富损失幅度越大。

　　基于以上分析，本书提出第一个假设。

　　H1：前期参与捐赠的企业比前期没有参与捐赠企业的负面事件发生时的累计异常收益率较高。

　　企业捐赠产生的道德声誉资本水平的高低在于利益相关者积极评价的程度；利益相关者对企业捐赠的评价越积极，道德声誉资本水平越高，企业捐赠越可能产生保险效应。企业捐赠越能够被利益相关者认为是企业价值观的真实表达，则利益相关者的评价越积极，产生的道德声誉资本水平越高，企业捐赠越可能产生保险效应。企业捐赠金额是影响利益相关者判断捐赠是不是企业价值观真实表达的重要指标(Patten，2008)。企业捐赠金额越大，表明企业越具有社会责任感，则利益相关者认为企业捐赠行为是企业潜在价值观真实表达程度较高，利益相关者的评价越积极。利益相关者的评价越积极，企业捐赠越可能产生道德声誉资本和保险效应。

中国社科院经济学部企业社会责任研究中心的调查数据显示，在购买产品或服务时肯定倾向于挑选慷慨捐赠企业的消费者比重为42.4%，可能倾向于挑选慷慨捐赠的企业的消费者比重为37%，谴责没有参与赈灾捐赠的企业的消费者比重达67.4%。对于赈灾捐赠中表现消极的企业，谴责这些企业并抵制其产品和服务的消费者比重为15.4%，动员亲朋好友一起抵制这些企业的产品和服务的消费者比重为17.2%。调查结果还显示，表示赈灾捐赠行为是有利于企业的信息的投资者比重共计95.9%。对于赈灾捐赠中表现较好的企业，将要购进这些企业股票的投资者比重为18.7%。65%的投资者表示考虑抛售在赈灾捐赠中表现吝啬企业的股票。

可见，企业捐赠金额越大，利益相关者评价越积极，越可能产生道德声誉资本，保险价值越大。反之，企业捐赠金额越小，则利益相关者认为企业捐赠行为是企业潜在价值观真实表达的程度较低，利益相关者的评价较不积极，企业捐赠较难以产生保险效应。

公司负面事件发生时，前期捐赠金额越大的企业，利益相关者的冲击越少，企业关系资产损失越少，股东财富受损幅度越小。公司负面事件发生时，投资者预期前期捐赠金额较大企业关系资产受损较少、股东财富受损幅度较小，将对前期捐赠金额较大企业作出较为积极的市场反应。基于以上分析，本书提出第二个假设。

H2：企业前期捐赠的金额越大，企业负面事件发生时的累计异常收益率越高。

3.3　企业捐赠保险效应的影响因素

作为保险的手段，企业捐赠价值的大小受到企业与利益相关者的关系资产价值等因素的影响。企业与利益相关者的关系价值越大，则企业捐赠的保险作用对企业的价值越大。借鉴已有研究，本书认为，无形资产将影响中国企业捐赠的保险价值。本书的论述将表明，行业因素和事件因素也将影响企业捐赠的保险效应。

企业捐赠保险模型表明，企业捐赠产生道德资本水平的高低和企业捐赠保险效应的大小受到利益相关者积极响应程度的影响。利益相关者认为企业捐赠是企业意愿和企业价值观真实表达的程度较高，企业真心为善的程度较高，利他动机较明显，则企业捐赠获得利益相关者积极评价的程度较高；当企业策略性地运用捐赠行为以巴结、影响特定群体并从中谋取利益时，利益相关者将认为企业捐赠的动机不纯，企业捐赠较难获得利益相关者的积极评价。可见，在不同的捐赠动机下，企业捐赠获得利益相关者积极评价的程度有所差异，不同企业捐赠动机下的捐赠保险效应也将不同。

文献回顾表明，企业捐赠的动机可以归类为经济动机、道德伦理动机、政治和制度动机等三类。基于道德伦理动机的企业捐赠行为的目标是促进公共公益，企业捐赠的道德伦理动机是纯粹的、利他的。基于经济动机的企业捐赠行为的目标是企业的商业利益。研究表明，现代企业越来越多地运用战略性企业捐赠来实现企业捐赠的经济动机，战略性捐赠与企业捐赠的经济动机紧密关联。根据战略性企业捐赠理论，企业的战略性捐赠能够同时实现经济目标和社会目标。虽然战略性企业捐赠的动机是为了实现企业的经济目标，但是战略性企业捐赠能够促进社会福利，或者说战略性企业捐赠在增进自身商业利益的同时顾全了社会利益。

企业捐赠获得利益相关者的积极评价并不需要向外界表明企业为善具有纯粹的利他动机，而是企业捐赠不能完全基于自利动机，企业捐赠具有利他性。企业捐赠的道德伦理动机和经济动机均在没有伤害社会利益的同时增进企业的商业利益，这两种动机下的企业捐赠行为都在一定程度上考虑了社会利益，具有显著的利他性。

企业捐赠的政治和制度观认为，政治和制度因素是企业从事慈善捐赠的驱动因素。基于政治和制度动机下的企业捐赠行为的目标不是最大化商业利益，而是最大化企业的政治收益。基于企业捐赠的政治和制度观，企业的政治和制度环境影响了企业的捐赠决策，企业捐赠是遵从规制层面、认知层面以及规范层面各种制度要求的产物。企业通过合法的行为适应制度环境的要求不应受到社会的质疑。然而，适应制度环境的企业行为应适当考虑社会公众的利益，或者说企业行为至少不应在自利的同时损害社会福利。

在关于企业捐赠政治和制度动机的理论探讨中，企业捐赠的寻租模型引起了学者们的关注。笔者认为，企业捐赠的寻租动机使企业捐赠动机更加复杂，企业捐赠的寻租动机使企业捐赠动机的纯粹性、利他性也明显区别于其他企业捐赠动机，寻租动机下的企业捐赠行为得到利益相关者的评价程度、企业捐赠产生道德声誉资本的可能性和保险效应与经济动机、道德伦理动机等捐赠动机下的企业捐赠行为亦有显著差别。寻租理论提出，寻租活动指的是经济主体借助于政府保护进行的寻求财富转移的活动，寻租是寻求财富的转移而非财富的创造，是非生产性活动（Buchanan，1980）。学者们对寻租社会成本的实证研究均得出一致的结论，即寻租浪费社会资源，极大损害了社会福利（Krueger，1974；Cowling & Mueller，1978；Mohammad & Whalley，1984；Buchanan et al.，1984）。寻租动机所导致的企业捐赠行为是非生产性行为，在为企业谋取利益的同时将造成社会福利的损失。

与其他企业捐赠动机相比，企业捐赠的寻租动机较少考虑社会公众的利益，寻租动机下的企业捐赠行为在为企业谋取利益的同时，损害了社会的整体福利。可见，与其他企业捐赠动机相比，企业捐赠寻租动机较不纯粹、利他性较为缺乏。寻租动机下的企业捐赠行为在为企业谋取利益的同时，损害了社会的福利。可见，与其他企业捐赠动机相比，企业捐赠寻租动机较不纯粹、利他性较低。

如果利益相关者认为企业捐赠动机较为纯粹、真心为善的程度较高，企业捐赠促进了社会福利，则企业捐赠能够获得利益相关者较为积极的评价。当企业策略性地运用捐赠行为以巴结、影响特定群体并从中谋取利益，且没有促进社会福利，则利益相关者将认为企业捐赠的动机不纯，企业捐赠较难获得利益相关者的积极评价。与其他企业捐赠动机相比，企业捐赠寻租动机的纯粹性和利他性较低，因此，基于寻租动机下的企业捐赠行为获得利益相关者的积极评价程度较低。

与国外企业相比，中国企业运用慈善捐赠向政府寻租更为普遍（钟宏武，2007）。基于寻租动机的中国企业捐赠行为的做法一般是企业将捐赠作为政治策略，借助慈善捐赠以建立、维持与政府的关系（钟宏武，2007）。

中国属于典型的转型经济国家，仍处于从传统经济向社会主义经济转型过程中（万华林，陈信元，2010）。在转轨经济的制度环境下，正式制度不尽完善，政治关系成为替代保护制度，企业捐赠所建立和维持的政治关系可以为企业获取寻租收益，从而在政府采购、开发权、用地审批、税收优惠等方面获得便利（吴文锋等，2008）。中国企业捐赠寻租行为的结果是建立和维持企业与政府的关系。企业通过捐赠等途径去寻租，建立政治关联，以获得资源配置的垄断权力或形成一种隐形契约（Choi et al.，1999）。政治关联给企业带来的往往是特权和优惠，比如较低的税率、低息和更长期的银行贷款乃至垄断（杜兴强等，2010）。余明贵等（2010）的研究表明，政治关联很可能成为企业俘获政府的重要手段。建立和维持政治关联能够帮助企业影响政府财政补贴的决策，进而从腐败的政府官员那里获得更多的补贴收入，这种基于政治关联的寻租活动将导致整个社会稀缺资源配置的扭曲。政治关系为企业带来寻租收益的同时扭曲了整个社会稀缺资源的有效配置，降低了社会的整体福利水平（余明桂等，2010），对经济增长和社会结构变革产生负面影响（石晓乐，许年行，2009）。

基于寻租动机下的中国企业捐赠行为的结果是建立和维持政治关联，而政治关联在为企业带来寻租收益的同时将降低社会福利水平，增加社会不公平现象。与其他企业捐赠动机相比，中国企业捐赠的寻租动机的纯粹性和利他性较低，这将降低利益相关者对企业捐赠行为的评价。

　　为了更加深入地了解企业捐赠的寻租动机对利益相关者评价企业捐赠行为的影响，本书选取一个典型案例进行阐述，选取的是被媒体称为"首善"的陈光标及其任董事长的江苏黄埔公司的慈善捐赠案例。前文的概念界定已经指出，在现阶段中国制度背景下，企业家捐赠和企业捐赠并没有实际差别，本书将企业家陈光标的捐赠行为等同于企业的捐赠行为。

　　江苏黄埔再生资源利用有限公司董事长陈光标是中国企业慈善捐赠事业发展的标志性人物，由于董事长陈光标在慈善事业的突出表现，江苏黄埔再生资源利用有限公司由名不见经传的小公司变得声名远扬。董事长陈光标以高调慈善扬名之时，江苏黄埔再生资源利用有限公司的业务也随之壮大。陈光标一直热心中国公益事业，但真正让陈光标在中国公益捐赠领域一举成名的是 2008 年的赈灾捐赠。2008 年 5·12 汶川大地震发生后，中国企业踊跃参与赈灾捐赠，引起新闻媒体和社会公众的极大关注和积极评价。在 5·12 汶川大地震的赈灾捐赠中，陈光标以个人名义代表公司捐献的赈灾款物超过 8 亿元，陈光标由此被称作"中国首善"，这为陈光标在中国公益事业的突出地位奠定了基础。陈光标还将慈善事业做到了国外。2011 年 3 月，日本爆发大地震，日本国民遭受巨大损失，陈光标及其组织的慈善捐赠团队赶赴日本进行赈灾捐赠。

　　由于在中国慈善捐赠事业中的突出表现，陈光标获得了我国各级政府和社会慈善组织的广泛认可，并被授予大量荣誉称号和奖项。由于在 5·12 汶川大地震的赈灾捐赠中的表现，陈光标先后获得中共中央、国务院、中央军委、民政部等中央部委和江苏省委、省政府等地方政府以及中国红十字会等社会慈善组织的表彰。陈光标荣获的奖项包括中华慈善奖、支持红十字事业突出贡献奖等，被授予的称号则有全国抗震救灾英雄模范、中国十大杰出志愿者、中国诚信企业家等。2009 年，陈光标继续为各种光环所笼罩，获得 CCTV 年度经济人物大奖、三农人物公益奖，并获最具号召力中华慈善家荣誉称号。

　　盛名之下，其实难副。2011 年 4 月开始，《中国经营报》、《时代周报》、《华夏时报》、《南方都市报》、《中国企业报》等新闻媒体深度报道了陈光标及其所在的江苏黄埔公司的捐赠行为，揭示了陈光标鲜为人知的捐赠内情，引发了社会公众对陈光标及其所在的江苏黄埔公司捐赠行为的广泛质疑。对陈光标捐赠行为予以揭露的报道包括《中国"首善"陈光标之谜》《陈光标打折?》《漩涡中的"首善"》《陈光标：首善 or 伪善》《中国"首善"陈光标光环的背后：人脉、慈善、生意》等。上述新闻媒体的报道对陈光标及其所在的江苏黄埔公司的捐赠行为提出的质疑具体如下：2004 年至 2009 年陈光标的江苏黄埔公司一直处于亏损、借助慈善捐赠的声誉建立和维持与各级政府的良好关系以低成本为公司拿拆迁项目、捐赠家乡的老年人活动中心和农贸市场产权属于陈氏家族、5·12 汶川大地震后陈光标带领赈灾团队千里赴汶川与常理不符、捐赠金额无从核实等。其中，《中国经营报》发表的《中国"首善"陈光标之谜》详细报道了陈光标借助慈善捐赠建立和维持与各级政府的良好关系的事实。

虽然慈善捐赠为陈光标及其所在的江苏黄埔公司带来了广泛的社会声誉，但是陈光标及其所在的江苏黄埔公司的慈善捐赠行为也遭到新闻媒体及社会公众的质疑，其中，新闻媒体及社会公众对陈光标及其所在的江苏黄埔公司的慈善捐赠行为质疑的重要内容是质疑陈光标及其所在的江苏黄埔公司的捐赠动机，认为陈光标及其所在的江苏黄埔公司的捐赠动机不纯。

在中国公益慈善事业的表现不仅给陈光标带来了各种称号和奖项，还提升了陈光标的政治地位。陈光标当选为江苏省第十届政协常委、中华慈善总会副会长以及多个市县的高级经济顾问等。通过积极参与慈善捐赠活动，陈光标得以与政府官员直接沟通和交流。2010 年 9 月，在复旦大学做演讲时陈光标主动透露其通过捐赠与政府官员密切接触的事实，陈光标指出在舟曲赈灾捐赠时，甘肃省委书记和省长亲自作陪。面对面的沟通与交流有利于陈光标建立和维持良好的官商关系，这种官商关系对中国企业而言是巨大的资本。

2009 年，陈光标家乡的一家化工厂进行资产拍卖，拍卖底价是 2450 万元。虽然拍卖现场出现了不少人，但是拍卖现场只有江苏黄埔公司副总裁陈光标一个人举牌。最终陈光标以 2020 万元的价格达成交易。《中国经营报》对此事进行了深入调查和报道。主持此次拍卖工作的公司透露，政府已在拍卖活动开展前作了指示，并没有实施真正的公平竞价。报道还指出，陈光标中标后以高价转让给另一家公司，并且那家公司也出现在拍卖活动现场。陈光标通过慈善捐赠积累的政治资本推动了陈光标任董事长的江苏黄埔公司业务的迅速发展。在接受一家武汉媒体采访时，陈光标直言江苏黄埔公司超过一半业务是通过慈善捐赠带来的（叶文添、方辉，2011）。据报道，基于陈光标在江苏公益慈善领域的重大影响，在南京市城内拆迁工作开始展开时，相关政府官员就向"首善"陈光标承诺将南京城内的拆迁项目交由深受人民信任的陈光标负责（峰子，2011）。依靠慈善捐赠积累的政治资本，陈光标为江苏黄埔公司争取到首都北京几个具有政治意义的拆迁项目，如迎国庆长安街拓宽改造拆迁项目、商务部原办公楼的拆迁项目以及奥运会结束后的建筑物辅助拆迁项目等（陈锋，2011）。

陈光标通过慈善捐赠获得了一系列奖励、称号和职务等政治资产，建立和维持了与各级政府的良好关系。陈光标凭借捐赠建立和维持的政治关联为江苏黄埔公司带来了大量拆迁项目，这些项目很多是各级政府部门限制竞争而直接交给江苏黄埔公司的。

陈光标及其所在的江苏黄埔公司的慈善捐赠行为难以掩饰其具有的政治动机，捐赠行为很大程度上成为陈光标及其所在的江苏黄埔公司建立、维持与各级政府良好关系的基本手段。依靠长期从事捐赠行为所建立的政治关系为江苏黄埔公司董事长陈光标带来了社会声誉，也为江苏黄埔公司带来了大量拆迁业务。陈光标及其所在的江苏黄埔公司的捐赠行为具有典型的寻租动机，捐赠动机不纯粹，陈光标及江苏黄埔公司的捐赠引起新闻媒体质疑和批评也在所难免。现代社会新闻媒体影响广泛，新闻媒体的关注较大程度地影响消费者等其他利益相关者的判断。由于新闻媒体对陈光标的深入质疑报道，极大影响江苏黄埔公司的其他利益相关者对董事长陈光标及江苏黄埔公司的捐赠行为和动机的判断。陈光标及其所在的江苏黄埔公司捐赠行为的寻租动机遭到了新闻媒体的质疑和批评，典型的寻租动机将较大程度降低利益相关者对陈光标及其所在的江苏黄埔公司捐赠行为和动机的评价。

企业捐赠寻租动机的理论分析和个案分析均表明，我国企业如果通过捐赠而建立、维持与各级政府关联的动机属于典型的寻租动机，寻租动机使企业捐赠行为较不纯粹，基于寻租动机的企业捐赠利他性较低，这将降低企业的利益相关者对企业捐赠行为和动机的评价，进而降低企业捐赠产生道德声誉资本的可能性和捐赠保险的效应。

通过运用寻租文献和相关案例，本书研究认为寻租动机降低了企业捐赠动机的纯粹性和利他性，进而降低了企业捐赠的保险效应。寻租动机减弱了企业捐赠具有的信号作用，这同样降低了企业捐赠的保险效应。根据企业捐赠保险模型，企业捐赠能够发挥保险效应源于捐赠具有的信号作用，企业从事捐赠向利益相关者展示了企业价值观的利他性，这有利于利益相关者认为企业的管理决策会充分考虑利益相关者的利益，从而在企业负面事件发生时促使利益相关者做出有利于企业的判断，利益相关者倾向于认为前期参与捐赠企业的负面事件是管理不善导致的而不是企业的本意。企业从事捐赠所展现的利他性企业价值观是企业捐赠具有保险效应的关键。企业寻租行为是损害社会福利的行为，寻租行为向社会展现的是企业价值观中自私的一面。可见，企业捐赠与企业寻租所展现的企业价值观是冲突的，企业捐赠展现的是利他性的企业价值观，而企业寻租透露的是企业价值观中的自私自利的方面。寻租动机使利益相关者对企业捐赠试图展现的利他性企业价值观的真实性产生怀疑，这降低了企业捐赠的信号作用，进而减弱了企业捐赠的保险效应。

企业捐赠寻租动机的程度将影响利益相关者对企业捐赠积极评价的程度，影响企业捐赠的保险效应。企业捐赠的寻租动机越强烈，则企业捐赠动机越不纯粹、利他性越低，利益相关者的评价就越不积极，企业捐赠的保险效应也就越小。中国企业捐赠寻租行为的结果是建立和维持企业与政府的关系，企业捐赠寻租动机的程度将取决于企业建立、维持与政府的关系的动机的程度，即企业建立、维持与政府的关系的动机越强烈，则企业捐赠的寻租动机越强烈。企业捐赠动机较不纯粹、利他性较低，企业捐赠产生道德声誉资本的可能性较低，企业捐赠的保险效应较小。

按照制度理论的观点，正式制度和非正式制度是制度的基本组成部分，其中，正式制度包括政治规则、产权制度以及契约等，非正式制度包括行为规范、社会准则和惯例等（North，1990）。根据制度理论，正式制度为经济行为提供了秩序，且正式制度是非正式制度的基础，但是正式制度只是形成选择的约束的很小部分。在日常生活和经济行为中影响行为人选择的制度约束大部分是非正式制度约束，且非正式制度可以在一定程度上弥补正式制度的缺陷。正式制度和非正式制度共同构成行为人日常生活和经济行为的制度约束。作为微观经济主体，企业总是处于一系列正式制度安排和非正式制度安排构成的制度环境之中。企业行为必须与特定的制度环境相适应，制度环境对企业的商业行为及其绩效产生很大影响。已有研究表明，政治关联是企业重要的非正式制度安排，也是转型经济条件下影响企业发展的重要资源。

中国仍属于典型的转型经济国家，正处于从传统经济向社会主义市场经济转型过程中（万华林，陈信元，2010）。在转型经济的制度环境下，中国的市场经济制度并不完善。整体而言，现阶段中国的法制化程度并不高，政府干预现象仍比较普遍，资源配置的市场化机制不够完善，经济运行过程中还存在很多寻租空间，企业通过捐赠建立和维持政治关联具有较大寻租收益。

根据制度理论，非正式制度在正式制度薄弱的环境下能够发挥更大作用。企业通过捐赠建立和维持政治关联的寻租收益在正式制度较不完善的条件下更大。中国是世界上最大的发展中国家，中国经济体的重要制度特征是各省区正式制度发育程度并不相同，不同省区的市场化程度存在显著的差异。市场化因素可以归入正式制度。已有研究表明，市场化程度是影响企业建立和维持政治关联的寻租收益的重要因素，而建立和维持政治关联的寻租收益决定了企业捐赠寻租动机的强度，因此，市场化程度能够影响企业捐赠的寻租动机。已有研究还表明，企业的产权性质也是影响企业建立和维持政治关联的寻租收益的重要因素，因此，企业产权性质也是影响企业捐赠寻租动机的重要因素。

在不同的企业产权性质和不同的市场化程度下，企业建立、维持与政府关系动机的程度不同，进而企业捐赠寻租动机的程度不同，企业捐赠的保险效应也就有差异。基于对中国企业捐赠寻租动机的研究表明，企业产权性质、市场化程度将影响企业捐赠的保险效应。

本书将无形资产价值、企业产权性质归类为影响企业捐赠保险效应的组织层面因素，行业性质为影响企业捐赠保险效应的行业层面因素，事件性质为影响企业捐赠保险效应的事件层面因素，市场化程度为影响企业捐赠保险效应的制度层面因素。根据本书的论述，中国企业捐赠保险效应将受到相关组织层面因素、行业层面因素、事件层面因素和制度层面因素的影响。

3.3.1 组织因素

按照彭维刚（2007）的界定，无形资产指的是难以观察和量化的资产，包括人力资源和能力、创新资源和能力、声誉等资源和能力。人力资源和能力是指深嵌于企业内部，通过正式有形的系统和结构所不能获得的知识、信任与才能；创新资源和能力是指企业拥有这样一些资产和技能，使用它们可以培养和产生新想法、研究和开发新产品与服务、进行组织创新并改变组织方式；声誉资源和能力是指企业能够发展和促进其声誉的能力，借此企业可以成为一家可靠的商品或服务提供商，一个吸引人的雇主，或一个对社会负责的企业法人。从无形资产的界定看，无形资产的基本来源是员工的情感承诺、公司存在的组织合法性、品牌知名度等，无形资产基本来源于企业与利益相关者的关系资产。

公司负面事件发生时，除了直接的财产损失，利益相关者的制裁行为将使企业与利益相关者的关系资产遭受破坏，例如消费者将降低对企业品牌的评价、关键员工离职或工作积极性下降、供应商对发生负面事件企业的契约履行的要求更加严格，企业关系资产遭到破坏的结果是企业的无形资产受到削弱甚至毁灭（Godfrey，2009）。企业捐赠保险模型表明，公司丑闻发生时，企业前期捐赠产生的道德声誉资本能够影响利益相关者对企业违规动机的判断，促使利益相关者降低对企业的惩罚强度，企业的关系资产损失得以降低，从而保护了企业的无形资产。

从无形资产的来源考察，当企业拥有的无形资产价值越大，则企业与利益相关者的关系越有价值。根据企业捐赠保险模型，企业与利益相关者的关系资产价值较大，则企业捐赠的保险作用对企业的价值较大。因此，企业拥有的无形资产价值越高，企业捐赠的保险作用对企业的价值越大。

公司负面事件发生时，相对于拥有较低无形资产价值的企业，拥有较高无形资产价值企业前期捐赠行为产生的道德声誉资本在降低利益相关者制裁强度和减少关系资产损失方面的效果更显著，拥有较高无形资产价值企业前期捐赠行为的保险作用对企业的价值较大。基于此，本书提出如下假设。

H3a：相比于拥有较少无形资产价值的企业，拥有较高无形资产价值企业前期参与捐赠提升企业负面事件发生时的累计异常收益率的效果较强。

H3b：相比于拥有较少无形资产价值的企业，拥有较高无形资产价值企业前期捐赠金额与企业负面事件发生时的累计异常收益率的正相关关系较强。

在中国转型经济的制度背景下，在不同的产权性质企业中，国有企业的政治地位较高，得到我国各级政府的支持，并在行政规制中享有与主管部门本质上相当的身份和地位。Faccio（2006）指出，国有企业的产权属于国家，国有企业的重要使命是实现政府目标，因此政府会对国有企业提供一系列政策扶持，国有企业可以获得稀缺的政策资源。民营企业的政治地位不如国有企业，是主管部门行政规制的主要对象，缺乏与行政规制力量的谈判权利。相对于国有企业，民营企业产权得到的法律保护较弱，甚至民营企业的产权缺乏来自我国宪法直接明确的保护。通过分析当时震惊全国的1982年浙江省温州市的"八大王"事件和1984年的"铁本"事件等一系列事件，罗党论和唐清泉（2009）提出，民营企业在我国历次宏观调控中付出了巨大的代价，民营企业在我国受到了较多的歧视。从获取外部融资难度的角度，卢峰和姚洋(2004)提出，民营企业比国有企业受到了更多的不公平待遇。国有银行在信贷政策方面向国有企业倾斜，民营企业很难获得成长所需的融资。

民营企业获得的产权保护较少，发展过程中面临较多的不确定因素，享有的政策资源明显少于国有企业。因此，民营企业比国有企业更加重视政治战略，民营企业特别重视建立和维持与各级政府的良好关系。高伟等(2011)提出，相对于国有企业，民营企业更愿意通过各种途径建立和维持与各级政府的良好关系。为了获得产权保护和政策优惠，民营企业比国有企业更愿意在建立和维持政治关联方面投入更多的精力和金钱。

在转轨期产权保护不完善的制度环境下，政治关联成为民营企业有效的替代保护制度(罗党论，唐清泉，2009)。与国有企业相比，民营企业捐赠不仅具有经济动机，更具有政治寻租动机(李越冬，张会芹，2010)。强烈的政治寻租动机降低了民营企业行善动机的纯粹性。民营企业的捐赠寻租比国有企业更加普遍，因为民营企业的产权难以得到保护，捐赠寻租的动机更强，民营企业捐赠寻租的政治成本也更低(钟宏武，2007)。

李越冬和张会芹(2010)的实证研究发现，民营企业通过捐赠以寻求当地政府的认可，资本市场认识到这一点，反而不看好民营企业的捐赠行为，资本市场对国有企业捐赠行为的认可度更高。根据一项针对普通民众对汶川大地震后企业赈灾捐赠行为的评价的调查数据，对国有企业的赈灾捐赠表现最为满意的民众比重为31.3%，对民营企业的赈灾捐赠表现最为满意的民众比重为23.2%(钟宏武，2008)。可见，相对于国有企业，普通民众对民营企业捐赠的积极响应程度较低。

总之，与国有企业相比，民营企业捐赠的寻租动机较强烈，而较强烈的寻租动机将使民营企业捐赠动机较不纯粹、利他性较低，捐赠的保险效果较弱，即民营企业捐赠在企业负面事件发生时为股东财富保值的效果较弱。负面事件发生时，利益相关者将制裁企业，关系资产将受损，而前期的捐赠则能减少企业损失。负面事件发生时，与国有企业相比，民营企业前期的捐赠为公司股东财富损失提供保值的效应较弱。

本书首先基于制度理论和寻租理论阐明了企业捐赠寻租动机对企业捐赠保险效应的负面影响，然后论述不同产权性质的企业的捐赠寻租动机不同，进而论述产权性质对企业捐赠保险效应的影响。从实证的角度出发，首先应提出企业捐赠寻租动机对企业捐赠保险效应影响的研究假设和产权性质对企业捐赠寻租动机影响的研究假设，接着才可以提出产权性质对企业捐赠保险影响的研究假设。然而，寻租动机是心理层面的因素，寻租动机是难以量化的，验证寻租动机对企业捐赠保险效应影响的研究假设是很难做到的。Godfrey(2009)基于赎罪和弥补动机提出行业因素对企业捐赠保险效应的研究假设时，考虑到赎罪和弥补动机难以量化的困难，同样没有运用数据论证赎罪和弥补动机对保险效应的影响以及行业因素对企业捐赠赎罪和弥补动机的影响。借鉴已有研究的做法，本书并不提出寻租动机对企业捐赠保险效应影响的研究假设。已有大量文献支持产权性质对企业捐赠寻租动机影响的观点，且考虑到寻租动机度量的难度，本书没有提出产权性质对企业捐赠寻租动机影响的研究假设。参照 Godfrey(2009)研究行业因素对企业捐赠保险效应影响的做法，本书直接提出产权性质对企业捐赠保险效应影响的研究假设。

基于此，本书提出如下假设。

H4a：相比于国有企业，民营企业前期参与捐赠提升企业负面事件发生时的累计异常收益率的效果较弱。

H4b：相比于国有企业，民营企业前期捐赠金额与企业负面事件发生时的累计异常收益率的正相关关系较弱。

3.3.2　行业因素

波特(1997)构建的企业竞争优势理论强调了产业属性对企业竞争优势具有极大的影响。企业社会责任与企业财务绩效的关系研究表明，行业属性不同，则企业社会责任对企业财务绩效的影响也不同。企业捐赠的增值效益研究也表明，企业捐赠的增值效应随着行业性质的不同而有差异。

合法性理论认为，企业的生存权利不是内在的，而是被社会赋予的，企业拥有生存权的前提是企业的价值体系与所在社区的价值体系一致(Dowling & Pfeffer，1975；Lindblom，1994)。当企业的行为违背了社会契约，企业生存的合法性将面临被撤销的风险，而企业合法性被撤销将带来严重的后果，如消费者降低对企业产品或服务的需求，利益相关者对立法部门的游说影响到企业的现金流(Terreberry，1968)。企业的社会契约包括显性契约和隐性契约。显性契约包括法律明文规定的义务，隐性契约包括法律以外的、社会公众预期的企业义务(Gray et al.，1996)。

属于采矿、印刷、石化等环境敏感型行业企业的生产经营对自然环境具有一定的负外部效应，对社会造成了危害，触犯了社会契约，使企业存在的合法性遭到削弱。为了获取、维持和修复企业存在的合法性，属于采矿、印刷、石化等环境敏感型行业企业倾向于通过参与捐赠来弥补罪行或者转移社会公众的视线。相对于其他行业的企业，石化等环境负外部性行业企业捐赠的更多，以弥补企业对社会造成的损失(Brammer & Millington，2005；Freedman & Stagliano，1991)。

Godfrey(2009)、Jones(1964)的研究表明，当一家企业的捐赠动机被认为是赎罪或弥补动机时，这家企业的捐赠动机将受到利益相关者的质疑，企业捐赠将难以产生道德声誉资本，企业捐赠具有的保险效应较弱。

烟草、赌博等社会危害类行业企业生产的产品是直接有害于社会公众的利益的。本书研究认为，虽然采矿、印刷、石化等环境敏感型行业并不是社会危害类行业，环境敏感型行业企业生产的产品大部分是有益于社会的，但是环境敏感型行业企业的生产经营对自然环境具有一定的负外部效应。采矿、印刷、石化等环境敏感型行业企业的慈善捐赠具有补偿其生产经营负外部性的动机，这降低了企业捐赠的纯粹性和利他性，从而降低了企业捐赠的保险效应。

借鉴已有研究，本书将采矿、印刷、石化等行业归为环境敏感型行业。因此，在发生负面事件的情境下，相对于非环境敏感型行业的企业，环境敏感型行业企业的保险效应对企业的价值较小。基于此，本书提出如下假设。

H5a：相对于非环境敏感型行业的企业，环境敏感型行业的企业前期参与捐赠提升企业负面事件发生时的累计异常收益率的效果较弱。

H5b：相对于非环境敏感型行业的企业，环境敏感型行业的企业前期捐赠金额与企业负面事件发生时的累计异常收益率的正相关关系较弱。

3.3.3　事件因素

根据综合社会契约论，只要企业采取的竞争性行为是在法律或者习俗的界限之内，即使这些竞争性行为是激进的，这些企业激进的竞争性行为将被认为是合法的（Donaldson & Dunfee，1999）。在某些情况下，企业激进的竞争性行为是不是违背社会契约的行为是不明确的或者存在不同的解释。当一家公司激进的竞争性行为是另外一家公司的不公平竞争引起的，企业激进的竞争性行为很难被界定为是违背企业的社会契约的。有时相似的产品或者工序是否构成实际的专利侵权即使在法律上也是很难界定清楚的，这时企业的竞争性行为同样难以被界定为是违背企业的社会契约的。当企业负面事件涉及的企业竞争性行为是否违背社会契约是不明确的或者存在不同的解释，或者企业负面事件涉及的企业竞争性行为仅是企业对某项规则或者政策的误解，则企业负面事件的侵犯性是不明显的，企业负面事件本身是不是所谓的"坏事"也是不明确的。根据企业捐赠保险模型，在企业负面事件发生时，企业捐赠产生的道德声誉资本的信号作用在于利益相关者判断企业是"好人一时不慎做了坏事"还是企业是"坏人一贯做坏事"。当企业负面事件是不是真正的"坏事"变得不再明确时，企业捐赠的保险效应将减弱。Godfrey（2009）将恶劣性和侵犯性不明显的企业负面事件称为竞争性事件。

当企业负面事件涉及的企业竞争性行为是否违背社会契约是不明确的或者存在不同的解释，企业一般都会通过合法的程序有力地捍卫企业的商业利益，这时企业的激进的竞争性行为有利于维护企业的正当利益。如果企业激进的竞争性行为成功维护了自身的商业利益，则企业的利益相关者的利益也得到维护，如雇员的工作将能够保持、政府能够继续从企业获得税收收入、投资者能够获得收益，但是这只取决于一个公司追求自身利益的承诺，此时的"好人"意味着是一个"自私的人"。在企业负面事件发生时，企业捐赠促使利益相关者倾向于认为企业是良善的企业公民，利益相关者倾向于认为企业的管理决策考虑了利益相关者的利益，而不仅是考虑企业自身的商业利益。在发生竞争性企业负面事件时，企业捐赠产生的道德声誉资本将促使利益相关者倾向于认为企业是"好人"，但是这时的"好人"成为"自私的人"，利益相关者仍将认为企业的管理决策主要是考虑自身的商业利益而缺少考虑利益相关者的利益，这将降低利益相关者对企业捐赠的评价，进而减弱了企业捐赠的保险效应。总之，相对于其他企业负面事件，发生竞争性企业负面事件时企业捐赠的保险效应较弱。

基于以上分析，提出如下假设。

H6a：相对于其他性质的企业负面事件，发生竞争性负面事件的企业前期参与捐赠提升企业负面事件发生时的累计异常收益率的效果较弱。

H6b：相对于其他性质的企业负面事件，发生竞争性负面事件的企业前期捐赠金额与企业负面事件发生时的累计异常收益率的正相关关系较弱。

3.3.4 制度因素

虽然我国改革开放已持续 40 多年，经济体制改革取得了重大突破，制度环境整体上已大为改善。然而，由于资源禀赋、地理位置和国家政策等在我国各省区存在明显的差异，导致制度环境在不同省区存在明显差异，各省区市场化程度也存在差异。根据樊纲等（2010）构建的市场化指数，市场化指数分为政府干预、法制化和要素市场发育等。本书将分别论述政府干预、法制化和要素市场发育对企业捐赠保险效应的影响，以阐明市场化程度对企业捐赠保险效应的影响。

从企业捐赠的动机考察，法制化程度不同的地区，企业捐赠的寻租动机有所差异。万华林和陈信元（2010）的研究表明，法制化程度能够影响企业进行寻租活动的动机，具体表现在三方面。首先，法制化程度会影响企业产权得到保护的程度，法制化程度较低地区的企业产权易受到侵犯，而政治关联有助于保护企业产权。其次，法制化程度影响政府对企业的掠夺。法制化程度较低地区政府对企业的掠夺较为严重，政治关联能够减轻政府对企业的掠夺。最后，法制化程度影响企业自主创新收益得到保护的程度。在法制化程度较低地区，企业自主创新收益得到的保护较弱，企业从事自主创新活动的积极性较低，这间接增强了企业进行寻租活动的动力。Peng & Heath（1996）的研究表明，在转型经济的制度环境下，法制化程度不高，企业的产权难以得到保障，这将增加企业采取内在增长战略与并购式增长战略的难度，促使企业更多地采取基于人际网络的增长战略。法制化程度越低，则企业的寻租空间和寻租收益越大，企业通过捐赠建立和维持政治关联的价值越大，这导致企业捐赠的寻租动机越强烈。

在转型经济的制度环境下，政府干预能够对企业成长产生重大影响。由于我国各地区政府干预程度存在显著的差异，政府干预对企业的影响在不同地区也就有较大的差异。根据制度理论，非正式制度在正式制度薄弱的地区更加重要，因此，政府干预能够较大程度地影响企业通过捐赠建立和维持政治关联的动机。在政府干预程度较高的地区，政府能够对企业施加更多的管制，政府在开发权、审批权以及税收优惠等方面的控制能力更强，政府掌握着影响企业成长至关重要的稀缺资源（Baumol，1990；Chen et al.，2005；Faccio，2000）。因此，在政府干预程度较高的地区，企业更有动机建立和维持与各级政府的良好关系以获取公平的市场竞争无法获取的税收优惠、财政补贴等重要资源（罗党论，唐清泉，2009）。在政府干预程度较高的地区，企业建立和维持政治关联能够获得更多的资源，企业通过捐赠建立和维持政治关联的寻租动机较为强烈。另一方面，在政府干预程度较高的地区，政府官员的权利空间较大，政府更加可能进行行政事业收费、有偿新闻、经常性地开展评估等乱收费活动，政府干预会对企业造成更大的负担，企业经营会面临较为恶劣的外部环境（Shleifer & Vishny，1994；Hellman et al.，2003；世界银行，2006）。因此，在政府干预程度较高的地区，政府干预对企业施加的负面影响可能更大，企业建立和维持政治关联能够很大程度上避免政府干预的不利影响，这导致企业通过捐赠建立和维持政治关联的寻租动机较为强烈。企业通过慈善捐赠建立和维持政治关联可以使企业掌握更多的稀缺资源并避免政府对企业施加不合理干扰。

政治关联的寻租收益在政府干预程度较高地区更大，因此，企业通过捐赠建立和维持政治关联的寻租动机在政府干预程度较高地区更强。前文的阐述表明，企业捐赠的寻租动机会降低企业捐赠的利他性和纯粹性，降低了利益相关者的评价和企业捐赠的保险效应。在政府干预程度较高地区，企业捐赠的寻租动机较强，企业捐赠的利他性和纯粹性较低，企业捐赠的保险效应较低，也就是在企业负面事件发生时为股东财富提供保值的效应较低。

已有研究表明，资源配置的非市场化机制将造成资源配置的不公平，促使企业有强烈的动机进行政治关联寻租活动以获取政策资源，如银行贷款、市场准入、财政补贴等。Beck et al.（2000）研究表明，经济增长会面临各种约束，其中融资约束是非常重要的约束。Jonson et al.（2002）提出，在转型经济的制度环境下，企业的投资规模越大，外部融资对企业成长的影响越大。Cull & Xu（2004）研究了中国企业再投资的影响因素，结果发现，企业获得外部融资的能力越强，则企业利润的再投资比例越高。融资是影响中国企业成长的关键要素。孙铮等（2005）的研究表明，政治关联对缓解企业的融资约束可以发挥重要的作用。政治关联可以起到声誉机制的效果（孙铮等，2005）。企业家能够被选为人大代表或政协委员表明其所在的企业拥有雄厚的经济实力，也说明企业具有重要的社会影响并获得各级政府的高度认可。政治关联具有信号显示的功能，表明企业具有良好的声音，这能够增加企业获得外部融资的机会。Kwahja & Mian（2005）基于巴基斯坦的信贷数据研究表明，具有政治关联企业可以获得更多的贷款且利率更低。Faccio（2006）运用面板数据的研究发现，政治关联有助于企业获得贷款，拥有政治关联企业在财务困境时得到政府扶持的可能性较大。

在要素市场发育程度较低的地区，资源配置的市场化程度越低，企业受到的融资约束越大，企业建立和维持政治关联以缓解融资约束的动机越强。地区要素市场发育程度越低，企业建立和维持政治关联的收益越大，则企业捐赠的寻租动机越强。

以上分析表明，在市场化程度较低的地区，法制化程度较低，政府干预严重、要素市场发育程度较低，企业捐赠的寻租收益较大，寻租动机较强，企业捐赠动机较不纯粹、利他性较低，这导致市场化程度较低地区企业捐赠的保险效应弱于市场化程度较高地区的企业。本书的论述表明，相对于市场化程度较低地区的企业，市场化程度较高地区企业捐赠的保险效应更强，即市场化程度较高地区的企业捐赠在负面事件发生时为股东财富保值的效果更强。

与上文提出产权性质对企业捐赠保险效应影响的研究假设一致，考虑到寻租动机难以量化的困难，本书不提出寻租动机对企业捐赠保险效应影响的研究假设。另一方面，有大量文献支持市场化程度对企业捐赠寻租动机影响的观点，同样考虑到寻租动机难以量化的困难，本书没有提出市场化程度对企业捐赠寻租动机影响的研究假设。借鉴 Godfrey（2009）的做法，本书直接提出市场化程度对企业捐赠保险效应影响的研究假设。

基于此，本书提出如下假设。

H7a：相比于市场化程度较低地区的企业，市场化程度较高地区企业前期参与捐赠提升企业负面事件发生时的累计异常收益率的效果较强。

H7b：相比于市场化程度较低地区的企业，市场化程度较高地区企业前期捐赠金额与企业负面事件发生时的累计异常收益率的正相关关系较强。

第4章 研究设计

4.1 样本选择与数据来源

本书基于上市公司发生负面事件的情境实证研究中国企业捐赠的保险效应。Godfrey（2009）在检验企业社会责任的保险效应时，选取的事件是企业被起诉事件等企业负面事件。借鉴已有研究的做法，笔者选取的事件是我国上市公司被起诉的事件，具体而言，选取的是我国上市公司诉讼仲裁事件，并且所选取的公司在案件中处于被告的地位。

诉讼和仲裁事件是典型的企业负面事件，尤其是被其他单位或个人提起诉讼和仲裁，这将使企业未来的经营业绩与财务状况遭受不利影响（姚胜琦等，2006）。首先，诉讼和仲裁是解决利益冲突的一种高成本方式，是企业解决与其他单位或个人之间冲突的次优方案；其次，诉讼和仲裁会给企业造成严重的负面影响，比如企业的声誉受损、支付高额的诉讼和仲裁费用、增加企业的法律风险、企业与客户的关系恶化、分散企业高层经营管理企业的精力等；最后，诉讼和仲裁还可能造成企业财务困境并降低企业的研发能力（王彦超等，2008；冯延超、梁莱歆，2010）。投资者在获取上市公司发生诉讼仲裁信息时，会认为持有该上市公司的股票将面临较大的风险，将重新评估这家公司的投资价值，导致投资者将对发生诉讼仲裁事件上市公司的股票作出负面的市场反应（姚胜琦等，2006；单华军，2010）。

企业捐赠保险效应指的是前期的捐赠在企业负面事件中的保护股东财富的效应，因此，实证检验必须选择前期的企业捐赠数据。Godfrey（2009）、Minor（2010）等的做法是选择在企业负面事件发生的前一年的社会责任数据。借鉴已有研究的做法，笔者选取企业被起诉事件的前一年的捐赠数据来代表企业前期的捐赠表现。虽然我国有悠久的慈善文化思想，众多企业也一直踊跃参与捐赠。然而，直到 2008 年汶川大地震之后，企业捐赠行为才真正引起社会各界的广泛关注。虽然有关中国企业捐赠的文献出现得并不晚，但是 2008 年 5 月 12 日汶川大地震后的企业捐赠事件才引发了中国企业捐赠方面的大量理论和实证研究。笔者认为，相比于 2008 年之前的企业捐赠行为，2008 年之后的企业捐赠行为受到的社会关注度更高，企业捐赠产生经济效应的可能性也更大。因此，本书所包括的企业捐赠行为只发生在 2008 年及 2008 年之后，选取的上市公司被起诉的事件的年份则为 2009 年、2010 年和 2011 年。

根据以下标准提取研究样本：剔除在被起诉窗口期间有财务年报、季报等影响公司股价的重大事件发生的公司；剔除 IPO 不足 200 天的企业，以获取足够的股票收益率数据；如果一天之内上市公司被多次起诉，只作为一次事件来处理；为了剔除诉讼事件的相互影响，当上市公司在一个月之内发生多次被起诉事件时，只计算这一个月内最早发生的事件。最终研究样本为 92 家上市公司 118 个被起诉事件。

上市公司被起诉事件的数据来源于北京大学的色诺芬经济金融数据库中的诉讼仲裁数据库。笔者从历年上市公司年报中搜集企业捐赠数据。公司财务数据源于国泰安数据库及北京大学色诺芬经济金融数据库，历年公司年报来自新浪财经网站、深交所网站、上交所网站及巨潮网。实证研究采用的软件为 Stata11.0。市场化程度数据来源于樊纲等（2010）。

4.2　变量测量

4.2.1　因变量

本书的因变量为上市公司被起诉事件发生时股东财富的变化幅度，借鉴已有研究，以上市公司被起诉事件窗口期的累计异常收益率为基础进行衡量。累计异常收益率越大，则说明市场反应越正面。公司负面事件发生时，累计异常收益率越高，则表明股价下跌幅度越小，股东财富损失较少。Godfrey（2009）在计算上市公司负面事件的累计异常收益率时选取的事件窗口是负面事件的前一天、负面事件当天及后一天，Minor（2010）则选取负面事件的前一天和负面事件当天为事件窗口，Schnietz & Epstein（2005）选取的事件窗口为负面事件当天及后一天。总之，学者们在进行事件研究时，较为关注的事件窗口是前一天、负面事件当天及后一天。借鉴已有研究的做法，本书在计算上市公司被起诉事件的窗口期上取其前一天、当天及后一天，计算这三天的累计异常收益率，以上市公司被起诉事件前一天、当天及后一天的累计异常收益率来衡量企业负面事件时股东财富的损失。

4.2.2　自变量与调节变量

借鉴 Godfrey（2009）、Minor（2010）等的实证研究，以上市公司被起诉事件前一年的企业捐赠情况来衡量企业前期的捐赠表现。本书的自变量为企业是否捐赠的虚拟变量和企业捐赠金额。被起诉前一年企业参与了捐赠则取值为 1，没有参与捐赠则取值为 0。企业捐赠金额以被起诉企业前一年的捐赠金额加上 1 后取自然对数来衡量，企业捐赠金额加上 1 再取自然对数是为了避免捐赠金额为 0 无法取对数，而捐赠金额为 0 在加上 1 后取自然对数仍然为 0。Patten（2008）等提出，企业捐赠金额的绝对值并不能全面地代表企业行善的慷慨程度，规模较大的企业拥有雄厚的财力，大企业的捐赠金额较大不能表明这些企业慷慨大度。2008 年汶川大地震后万科公司捐赠 200 万元受到社会各界的广泛批评，重要原因就是以万科公司的财力不应仅捐赠 200 万元。企业捐赠的相对值更能代表企业行善的慷慨程度。借鉴已有研究的做法，本书的研究还包括了企业捐赠的相对值，取值为企业捐赠金额除以企业总资产的比重。

本书的调节变量为企业捐赠保险效应的影响因素，即无形资产价值、产权性质、行业性质、事件性质和市场化程度。借鉴李善民（2007）研究，企业无形资产价值取的是无形资产除以总资产的比值。产权性质数据源于北京大学色诺芬经济金融数据库，当企业属于国有企业时取值为 0，企业属于民营企业则取值为 1。借鉴证监会对污染行业的划分标准及宋林等（2010）的研究，环境敏感型行业具体指的是火电、钢铁、水泥、电解铝、煤炭、冶金、化工、石化、建材、造纸、酿造、制药、发酵、纺织、制革和采矿业等高污染性行业，企业属于环境敏感型行业则取值为 1，企业不属于环境敏感型行业则取值为 0。企业负面事件属于竞争性负面事件取值为 1，其他负面事件取值为 0。一个负面事件是不是竞争性负面事件本身是难以完全准确界定的，本研究判断上市公司的负面事件是不是竞争性负面事件的依据是上市公司诉讼仲裁案件的判决情况。如果法院做出有利于被起诉的上市公司的判决结果时，如驳回原告的诉讼请求、诉讼费用由原告负担、原告自愿放弃诉讼请求并负担诉讼费用，则本书将其界定为竞争性企业负面事件；如果法院做出有利于原告而不利于被告的判决，如判令被起诉的上市公司偿还欠款、案件诉讼费用由被告承担及其他惩罚性判决结果时，则本书将其界定为其他性质的企业负面事件。企业所属地区的市场化程度得分越高，则该地区企业的市场化程度越高。

4.2.3 控制变量

研究模型加入控制变量，以控制相关因素的影响。研究模型的控制变量为：上市公司被起诉前一年的资产规模，取值为前一年总资产的对数；上市公司被起诉前一年的净资产收益率，净利润同总资产的比率衡量。研究模型的变量说明如表 4-1 所示。

表 4-1   研究变量说明

变量	简写	说明
累计异常收益率	CAR_t	根据事件研究法计算所得
企业规模	$size_{t-1}$	被起诉的企业前一年的资产规模，取值为总资产的对数值
净资产收益率	roe_{t-1}	被起诉的企业前一年的净利润同总资产的比率

续表

变量	简写	说明
是否捐赠	donate$_{t-1}$	参与捐赠则取值为 1，没有参与捐赠则取值为 0
企业捐赠金额	domount$_{t-1}$	被起诉的企业前一年的捐赠金额加上 1 后取对数
企业捐赠比重	radonate$_{t-1}$	被起诉的企业前一年的捐赠金额除以企业总资产的比重
无形资产价值	intang$_{t-1}$	无形资产除以总资产的比值
产权性质	nature	当企业属于国有企业时取值为 0，企业属于民营企业则取值为 1
行业性质	environ	企业属于环境敏感型行业则取值为 1，企业不属于环境敏感型行业取值为 0
事件性质	compet	企业负面事件属于竞争性负面事件取值为 1，其他负面事件取值为 0
市场化程度	market$_{t-1}$	企业所属地区的市场化程度得分越高，则企业所处地区的市场化程度越高

4.3 研究方法与检验模型

4.3.1 研究方法

本书采用事件研究法计算上市公司被起诉事件的累计异常收益率；采用回归分析方法来检验研究假设，即中国企业捐赠是否存在保险效应，无形资产价值等因素是否能够影响企业捐赠保险效应。

事件研究法主要用于研究上市公司重大事件的发生对股票价格或企业的市场价值形成的冲击，一般事件包括并购重组、诉讼仲裁、规制机构的惩罚性公告、年报发布等。上市公司事件冲击的股价效应主要是指相对于市场股价的异常变动和股票市场收益方差的变化。事件研究被开发出来后，学者们首先将事件研究用于探讨金融经济问题，目前事件研究已在金融经济的研究中占有重要地位。为了检验资本市场的有效性，学者采用事件研究法予以验证。吴世农、陈立新等运用事件研究法检验了我国资本市场的有效性。学者们的研究结果发现，我国资本市场是非完全效率的，这个结论为企业捐赠发挥保险效应提供了基本条件。在会计学研究中，事件研究方法也是学者们常用的实证研究方法之一。在管理学研究中，学者们运用事件研究法研究董事长离职或去世等重要事件对企业股价的影响。

在企业社会责任的经济后果的研究中，学者们经常采用事件研究法研究企业社会责任的市场绩效。运用事件研究法研究企业社会责任的市场绩效能够更加准确地揭示出企业社会责任的经济后果（Guidry & Patten，2010）。在企业捐赠及其他方面社会责任的保险效应的实证研究中，学者们均采用事件研究法作为实证研究方法，以检验企业捐赠及其他方面的社会责任是否能够在企业负面事件发生时为股东财富提供保值。

虽然事件研究法形成于国外，但是我国资本市场的发展也为事件研究提供了大量股价数据。运用事件研究法研究并购重组等事件的国内文献已非常多。针对 5·12 汶川大地震后企业捐赠事件，学者们运用事件研究法对企业捐赠的市场绩效进行了检验。

已有研究表明，事件研究的基本步骤依次是选择事件和事件窗口、筛选研究样本、设定估计正常收益率的模型以及估计正常收益率、计算异常收益率和累计异常收益率。本书将对事件研究的基本步骤逐一进行介绍（Brown & Warner，1985；Khotari & Warner，2006；袁显平，柯大钢，2006）。

选择事件和事件窗口。事件因具体研究需要而定，可以是并购重组、诉讼仲裁等事件。事件研究的窗口划分为估计窗口和事件窗口，见图 4-1。事件日以 T = T0 来表示，估计窗口为 T1 至 T2，估计窗口期为 T = T2 - T1，事件窗口为 T3 至 T4，事件窗口期为 T = T4 - T3。估计窗口是用以估计所选模型的参数，估计窗口期通常应不少于 120 天。事件窗口则用以估计事件的正常收益和异常收益。在实际研究中，有学者将事件窗口设置为一天，即事件发生当天；

有的设置为三天，即事件发生的当天与事件发生前一天、事件发生后一天；有的设置为五天，即事件发生的当天与事件发生前两天、事件发生后两天；有的学者为了研究的需要设置更长的事件窗口期。事件窗口期的设置因研究人员的需要而定。

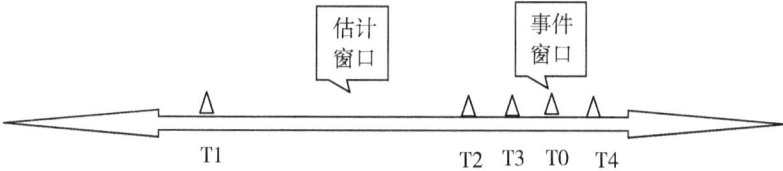

图 4-1 事件窗口

筛选研究样本。在选定事件研究的窗口期后，下一步就是筛选研究样本。研究者根据事件类型选择总体样本，但总体样本中有的事件必须剔除。一般而言，股票在事件窗口期发生了其他类型的重大事件时，如年报季报发布，为了保证股价波动是特定事件引起的，该事件必须予以剔除。

设定估计正常收益率的模型以及估计正常收益率。股票的正常收益率是股票实际收益率减去正常收益率。正常收益率、实际收益率与异常收益率的关系可由下面的公式表示：

$$K_{it} = R_{it} + \varepsilon_{it} \tag{4-1}$$

其中，K_{it} 表示实际收益率，R_{it} 表示正常收益率，ε_{it} 表示异常收益率。其中，正常收益率是通过所设定的模型计算得出，变换公式 (4-1) 可以得出估计异常收益率的计算公式，如公式 (4-2)。

$$\varepsilon_{it} = K_{it} - R_{it} \tag{4-2}$$

异常收益率也就是实际收益率与正常收益率之差。估计异常收益率的前提是通过模型估计出正常收益率。已有研究表明，估计正常收益率的模型有统计模型和经济模型，其中，统计模型是基于资产收益行为的统计假设，经济模型则是基于投资假设。统计模型具体包括常均值收益率模型和市场模型。常均值收益率模型的核心思想是以估计窗口期股票的平均收益率作为事件窗口期的正常收益

率。虽然常均值收益率模型显得过于简单，但是有学者认为通过常
均值收益率模型估计的异常收益率和其他模型的估计结果相差不
大。市场模型是通过联系个股收益率和市场组合收益率来估计个股
的正常收益率的统计模型，估计模型的公式如下：

$$R_{it} = \alpha_i + \beta_i R_{mt} + \varepsilon_{it} \qquad (4\text{-}3)$$

公式中的 R_{it} 为估计窗口期个股收益率，R_{mt} 为估计窗口期的市
场组合收益率，ε_{it} 为残差项，残差项的均值为 0，α_i、β_i 为模型系
数。市场模型消除了由市场收益率变化引起的个股收益率变化的影
响，对常均值收益率模型有所改进，提高了事件研究的精确度。市
场模型中的单因素市场模型仅剔除了市场组合收益率因素的影响。
多因素市场模型不仅剔除了市场组合收益率因素的影响，还剔除了
行业因素的影响。在已有选择市场模型的事件研究中，大部分研究
采用的是单因素市场模型。

相对于统计模型，估计正常收益率的经济模型约束较多。代表
性的估计正常收益率的经济模型有资产定价模型和套利定价模型。
学者们根据套利定价模型开发了多因素经济模型。资产定价模型曾
经获得学者们的一致认可，但是随着资产定价模型的缺陷被发现，
学者们开始很少采用资产定价模型进行事件研究。虽然套利定价模
型能够一定程度上克服资产定价模型的缺陷，但是套利定价模型中
发挥主要效果的仍是市场组合收益率因素。由于套利定价模型并不
比市场模型的解释力度强，而且套利定价模型比市场模型繁杂，学
者们很少选择套利定价模型进行事件研究。

确定估计正常收益率的模型后，就可以估计正常收益率。如
果选择单因素市场模型，则首先根据估计窗口的个股收益率数据
和市场组合收益率数据，运用最小二乘法，估计出参数 α_i 和 β_i。
在事件窗口内，根据市场组合收益率数据和已经估计好的 α_i 和
β_i，代入公式（4-3），就可以估计出个股在事件窗口的正常收
益率。

计算异常收益率和累计异常收益率。在根据市场模型或经济模
型估计出事件窗口期的正常收益率后，运用公式（4-2）就可以估计
出事件窗口的异常收益率。将事件窗口期的异常收益率进行加总就

可以算出累计异常收益率，如公式(4-4)。

$$CAR_t(t_1,\ t_2) = \sum_{t_1}^{t_2} AR_t \qquad (4-4)$$

其中，$CAR_t(t_1,\ t_2)$ 为个股在事件窗口期的累计异常收益率，t_1 至 t_2 为事件窗口，AR 为个股在事件窗口某一天的异常收益率。

本书以事件研究法来计算我国上市公司被起诉事件窗口的累计异常收益率（CAR）。首先，采用如下市场模型计算异常收益率（AR），即

$$AR_{it} = R_{it} - (\alpha_i + \beta_i R_{mt}) \qquad (4-5)$$

公式中，R_{it} 为第 i 只股票在事件期 t 的实际收益值，$(\alpha_i + \beta_i R_{mt})$ 是用市场模型估计的第 i 只股票在事件期 t 的期望收益值，α_i、β_i 分别是市场模型的参数，这里选择 A 股沪市综合指数和 A 股深市综合指数作为市场指数来表示市场收益。关于事件窗口的确定，本书使用的标准事件窗口是（-1，1），其中-1 是公告前一天，1 为公告后一天，0 则为公告日当天；选择（-200，-5）作为估计窗口，即上市公司被起诉公告日的前 200 天到前 5 天。在异常收益率（AR）基础上，利用下面的公式计算出第 i 只股票在 τ_1 期间到 τ_2 期间的累计异常收益率（CAR）：

$$CAR(\tau_1,\ \tau_2) = \sum_{t=\tau_1}^{\tau_2} AR_{it} \qquad (4-6)$$

4.3.2 检验模型

本书以回归分析方法来验证企业捐赠的保险效应和企业捐赠保险效应的影响因素。首先，验证企业捐赠保险效应的回归方程模型如下：

$$CAR_t = \beta_0 + \beta_1 size_{t-1} + \beta_2 roe_{t-1} + \beta_3 donate_{t-1} + e_{i0} \qquad (4-7)$$

$$CAR = \beta_0 + \beta_1 size_{t-1} + \beta_2 roe_{t-1} + \beta_3 domount_{t-1} + \varepsilon \qquad (4-8)$$

$$CAR = \beta_0 + \beta_1 size_{t-1} + \beta_2 roe_{t-1} + \beta_3 radonate_{t-1} + \varepsilon \qquad (4-9)$$

其中，CAR_t 为累计异常收益率；$donate_{t-1}$ 为是否参与捐赠；$domount_{t-1}$ 为捐赠金额加上 1 后取对数，以免捐赠金额为 0 的企业无法取对数，并且捐赠为 0 加上 1 后的对数仍然为 0；$radonate_{t-1}$ 为

企业捐赠比重，取值为企业捐赠金额除以企业总资产的比重；$size_{t-1}$ 为企业规模，roe_{t-1} 为净资产收益率；β_0 为固定系数；β_i 为变量系数；ε 为随机误差项。

回归方程中各变量系数的显著性是通过 T 检验来验证，一般而言，显著性水平在 10% 以下，表示系数是显著的。回归方程将报告拟合优度（R^2）和调整拟合优度（Adjusted-R^2），拟合优度表示方程中各变量对因变量的解释程度，拟合优度的结果与 1 越接近，表示方程各变量对因变量的解释程度越高。回归方程还将报告 F 检验的结果，F 检验是通过显著性水平检验方程的线性关系是否显著，显著性水平大于 10%，表示回归方程中所有变量共同对因变量没有解释能力；显著性水平小于 10%，则表示回归方程至少有一个系数是显著的。

本书将考查无形资产价值、产权性质、行业性质、事件性质和市场化程度对企业捐赠保险效应的调节作用，并对调节作用的分析采用分层回归的方法，分为三个模型来进行考查，模型 1 只考虑控制变量的作用，模型 2 在模型 1 的基础上加入自变量和调节变量，模型 3 在模型 2 的基础上加入自变量与调节变量的交互项。为了降低回归方程的多重共线性问题，笔者在考察自变量与调节变量的交互项时对自变量和调节变量进行了中心化处理。变量中心化处理是用该变量的每一个数据点减去变量的均值，这样新得到的变量数据均值为 0。变量的数据中心化处理过程并未改变变量的标准差，但这能够降低回归方程的多重共线性问题，是学者们在考查调节效应时常用的方法。

在分析模型中，中心化后的企业是否捐赠虚拟变量 = $Zdonate_{t-1}$，企业捐赠金额绝对值 = $Zdomount_{t-1}$，企业捐赠比值 = $Zradonate_{t-1}$，无形资产价值 = $Zintang_{t-1}$，产权性质 = $Znature$，行业性质 = $Zenviron$，事件性质 = $Zcompet$，市场化程度 = $Zmarket_{t-1}$。验证企业捐赠保险效应的影响因素的分层回归模型如下：

模型 1，考查控制变量的作用。

$$CAR = \beta_0 + \beta_1 size_{t-1} + \beta_2 roe_{t-1} + \varepsilon \qquad (4\text{-}10)$$

模型 2，在模型 1 的基础上，加入自变量和调节变量，

$$CAR = \beta_0 + \beta_1 \text{size}_{t-1} + \beta_2 \text{roe}_{t-1} + \beta_3 \text{donate}_{t-1} + \beta_4 \text{intang}_{t-1} +$$
$$\beta_5 \text{nature} + \beta_6 \text{environ} + \beta_7 \text{compet} + \beta_8 \text{market}_{t-1} + \varepsilon \quad (4\text{-}11)$$

$$CAR = \beta_0 + \beta_1 \text{size}_{t-1} + \beta_2 \text{roe}_{t-1} + \beta_3 \text{donmount}_{t-1} + \beta_4 \text{intang}_{t-1} +$$
$$\beta_5 \text{nature} + \beta_6 \text{environ} + \beta_7 \text{compet} + \beta_8 \text{market}_{t-1} + \varepsilon \quad (4\text{-}12)$$

$$CAR = \beta_0 + \beta_1 \text{size}_{t-1} + \beta_2 \text{roe}_{t-1} + \beta_3 \text{radonate}_{t-1} + \beta_4 \text{intang}_{t-1} +$$
$$\beta_5 \text{nature} + \beta_6 \text{environ} + \beta_7 \text{compet} + \beta_8 \text{market}_{t-1} + \varepsilon \quad (4\text{-}13)$$

模型 3，在模型 2 的基础上，加入自变量和调节变量的交互项，在构造交互项时，自变量和调节变量运用的是中心化后的数据。

$$CAR = \beta_0 + \beta_1 \text{size}_{t-1} + \beta_2 \text{roe}_{t-1} + \beta_3 \text{donate}_{t-1} + \beta_4 \text{intang}_{t-1} +$$
$$\beta_5 \text{nature} + \beta_6 \text{environ} + \beta_7 \text{compet} + \beta_8 \text{market}_{t-1} +$$
$$\beta_9 Z\text{donate}_{t-1} * Z\text{intang}_{t-1} + \beta_{10} Z\text{donate}_{t-1} * Z\text{nature} +$$
$$\beta_{11} Z\text{donate}_{t-1} * Z\text{environ} + \beta_{12} Z\text{donate}_{t-1} * Z\text{compet} +$$
$$\beta_{13} Z\text{donate}_{t-1} * Z\text{market}_{t-1} + \varepsilon \quad (4\text{-}14)$$

$$CAR = \beta_0 + \beta_1 \text{size}_{t-1} + \beta_2 \text{roe}_{t-1} + \beta_3 \text{domount}_{t-1} + \beta_4 \text{intang}_{t-1} +$$
$$\beta_5 \text{nature} + \beta_6 \text{environ} + \beta_7 \text{compet} + \beta_8 \text{market}_{t-1} +$$
$$\beta_9 Z\text{domount}_{t-1} * Z\text{intang}_{t-1} + \beta_{10} Z\text{domount}_{t-1} * Z\text{nature} +$$
$$\beta_{11} Z\text{domount}_{t-1} * Z\text{environ} + \beta_{12} Z\text{domount}_{t-1} * Z\text{compet} +$$
$$\beta_{13} Z\text{domount}_{t-1} * Z\text{market}_{t-1} + \varepsilon \quad (4\text{-}15)$$

$$CAR = \beta_0 + \beta_1 \text{size}_{t-1} + \beta_2 \text{roe}_{t-1} + \beta_3 \text{radonate}_{t-1} + \beta_4 \text{intang}_{t-1} +$$
$$\beta_5 \text{nature} + \beta_6 \text{environ} + \beta_7 \text{compet} + \beta_8 \text{market}_{t-1} +$$
$$\beta_9 Z\text{ratonate}_{t-1} * Z\text{intang}_{t-1} + \beta_{10} Z\text{radonate}_{t-1} * Z\text{nature} +$$
$$\beta_{11} Z\text{radonate}_{t-1} * Z\text{environ} + \beta_{12} Z\text{radonate}_{t-1} * Z\text{compet} +$$
$$\beta_{13} Z\text{radonate}_{t-1} * Z\text{market}_{t-1} + \varepsilon \quad (4\text{-}16)$$

在分层回归模型中，某个调节变量的调节效应是否成立是考查第三个模型结果中调节变量与自变量的交互项系数的方向及交互项系数的显著性。如果调节变量与自变量的交互项的系数的方向和研究假设是一致的，且交互项的系数是显著的，则该调节变量的调节效应得到实证结果的支持；如果某个调节变量与自变量的交互项的系数与研究假设不一致或交互项的系数是不显著的，则该调节变量的调节效应没有获得实证结果的支持(陈晓萍等，2008)。

第5章　实证结果与讨论

5.1　描述性统计分析

表 5-1 显示，上市公司被起诉的累计异常收益率(CAR)的均值为负。被起诉事件为公司负面事件，累计异常收益率均值结果符合市场预期。企业捐赠虚拟变量结果表明被起诉前一年参与捐赠的企业占总体样本的 65.25%，大部分被起诉企业前期参与了捐赠行为。企业捐赠比重的均值为 0.03%，平均而言，企业拿出总资产的万分之三进行了慈善捐赠。

表 5-1　　　　　　　　　关键变量描述性统计量

变量	样本数目	均值	标准差
累计异常收益率	118	−0.0121	0.03657
是否捐赠	118	0.6525	0.4781
企业捐赠金额	118	7.9103	6.117
企业捐赠比重	118	0.0003	0.0009
总资产	118	20.8533	1.4913
净资产收益率	118	−0.0121	0.5714
无形资产价值	118	0.0804	0.1218
产权性质	118	0.4661	0.5009
行业性质	118	0.4576	0.5003
事件性质	118	0.2203	0.4162
市场化程度	118	8.2655	2.0609

注：企业捐赠金额为捐赠金额加上 1 后取对数，总资产取值为企业总资产的对数值，取对数的理由在变量说明部分已解释。

表 5-2 列示了 2009—2011 年企业捐赠及负面事件的相关统计量，统计结果显示，2009 年上市公司被起诉事件数目达 77 个，2010 年和 2011 年上市公司被起诉事件数目分别为 28 个和 13 个。2009 年捐赠企业占样本总数比重为 64.94%，2010 年该比重达 75%，2011 年该比重降至 46.15%。2009 年到 2011 年上市公司被起诉事件窗口的累计异常收益率的均值都为负，符合市场预期。

表 5-2   企业捐赠及负面事件相关统计量

年份	捐赠企业占样本总数比重	累计异常收益率（CAR）		事件数目
		均值	标准差	
2009	0.6494	−0.0128	0.0045	77
2010	0.75	−0.0108	0.0065	28
2011	0.4615	−0.0113	0.0071	13

5.2   回归结果分析

5.2.1   企业捐赠保险效应的检验

企业捐赠是否具有保险效应是通过对 H1 假设和 H2 假设的检验来验证。本书的 H1 假设提出，前期参与捐赠企业比前期没有参与捐赠企业的负面事件发生时的累计异常收益率较高。本书的 H2 假设提出，企业捐赠的金额越大，企业负面事件发生时的累计异常收益率越高。表 5-3 的回归模型结果是检验企业捐赠是否具有保险效应，模型（1）为是否捐赠虚拟变量对累计异常收益率（CAR 值）的回归结果，模型（2）为捐赠金额变量对累计异常收益率（CAR 值）的回归结果，模型（3）为企业捐赠比重对累计异常收益率（CAR 值）的回归结果。

表 5-3 的模型（1）回归结果显示，回归方程的拟合度（R^2）为 0.0851，调整拟合优度为 0.0609，F 值为 3.51，F 值在 5% 的置信

水平上显著。F 检验的结果否定了所有变量共同对因变量没有解释力度的假设，表明回归方程具有解释力度。回归结果显示，企业是否捐赠虚拟变量对企业负面事件发生时累计异常收益率的回归参数为正，且在 10% 的置信水平上显著（$\beta = 0.0143$，$t = 1.89$，$p = 0.061$）。回归结果表明，企业前期参与捐赠能够显著提升企业负面事件发生时的累计异常收益率。实证研究结果验证了 H1 假设，即前期参与捐赠企业比前期没有参与捐赠企业的负面事件发生时的累计异常收益率较高。

　　表 5-3 的模型（2）结果显示，回归方程的拟合度（R^2）为 0.1043，调整拟合优为 0.0805，F 值为 4.39，F 值在 1% 的置信水平上显著，方程的回归结果否定了所有变量共同对因变量没有解释力度的假设。回归结果显示，企业捐赠金额对被起诉企业累计异常收益率的回归参数为正，且在 5% 的置信水平上显著（$\beta = 0.0014$，$t = 2.47$，$p = 0.015$）。回归结果表明，企业前期捐赠金额越大，则企业负面事件发生时的累计异常收益率越高。

表 5-3　企业捐赠对负面事件时累计异常收益率（CAR）的回归结果

因变量	CAR 值	CAR 值	CAR 值
	（1）	（2）	（3）
控制变量			
总资产	−0.0034 （$t = -1.29, p = 0.201$）	−0.0045 （$t = -1.66, p = 0.100$）	−0.0032 （$t = -1.34, p = 0.184$）
净资产 收益率	−0.0177 （$t = -2.79, p = 0.006$）	−0.0191 （$t = -3.00, p = 0.003$）	−0.0196 （$t = -3.12, p = 0.002$）
自变量			
是否捐赠	0.0143 （$t = 1.89, p = 0.061$）		
捐赠金额		0.0014 （$t = 2.47, p = 0.015$）	
捐赠比重			10.1706 （$t = 2.96, p = 0.004$）

因变量	CAR 值	CAR 值	CAR 值
	（1）	（2）	（3）
R^2	0.0851	0.1043	0.1241
Adjusted-R^2	0.0609	0.0805	0.1008
F 值	3.51 ($p=0.0177$)	4.39 ($p=0.0058$)	5.34 ($p=0.0018$)

注：变量系数括号内的数值为 t 值和显著性水平 p 值。

表5-3 的模型（3）结果显示，回归方程的拟合度（R^2）为 0.1241，调整拟合优度为 0.1008，F 值为 5.34，F 值在 1% 的置信水平上显著，方程的回归结果否定了所有变量共同对因变量没有解释力度的假设。回归结果显示，企业捐赠比重对被起诉企业累计异常收益率的回归参数为正，且在 1% 的置信水平上显著（$\beta = 10.1706$，$t=2.96$，$p=0.004$）。回归结果表明，企业前期捐赠比重越大，则企业负面事件发生时的累计异常收益率越高。

表5-3 的模型（2）结果表明，企业捐赠金额的绝对值越大，则企业负面事件发生时的累计异常收益率越高；表5-3 的模型（3）结果表明，企业捐赠金额的相对值越大，则企业负面事件发生时的累计异常收益率越高。企业捐赠金额的绝对值和相对值对累计异常收益率的回归结果均表明，企业捐赠金额越大，则企业负面事件发生时的累计异常收益率越高，实证研究结果验证了 H2 假设。

实证研究结果表明，中国企业前期捐赠能显著提升累计异常收益率，企业捐赠能够在企业负面事件发生时减缓股东财富的损失幅度，为股东财富保值，中国企业的捐赠行为具有保险效应。

5.2.2 组织因素调节效应的检验

表5-4 的分层回归结果、表5-5 的分层回归结果和表5-6 的分层回归结果均是检验无形资产价值、产权性质、行业性质、事件性质和市场化程度对企业捐赠保险效应的调节作用，其中，表5-4 的

分层回归模型的自变量为是否捐赠（donate$_{t-1}$），表 5-5 的分层回归模型的自变量为捐赠金额（domount$_{t-1}$），表 5-6 的分层回归模型的自变量为捐赠比重（radonate$_{t-1}$），表 5-4、表 5-5 和表 5-6，它们的三个回归模型的因变量均为累计异常收益率（CAR）。是否存在无形资产价值、产权性质、行业性质、事件性质和市场化程度对企业捐赠保险效应的调节作用主要是考察表 5-4 的回归模型(3)、表 5-5 的回归模型(3)和表 5-6 的回归模型(3)中企业捐赠（包括企业是否捐赠、企业捐赠金额、企业捐赠比值）和无形资产价值、产权性质、行业性质、事件性质和市场化程度的交互项的参数的显著性，交互项参数的方向符合预期且显著，则无形资产价值、产权性质、行业性质、事件性质和市场化程度对企业捐赠保险效应的调节效应是成立的。

　　表 5-4 的模型(3)回归结果显示，回归方程的拟合度为 0.2218，调整拟合优度为 0.1236，F 值为 2.26，F 值在 5% 的置信水平上是显著的。F 检验的结果否定了所有变量共同对因变量没有解释力度的假设，表明回归方程具有解释力度。表 5-5 的模型(3)回归结果显示，回归方程的拟合度为 0.2968，调整拟合优度为 0.2080，F 值为 3.34，F 值在 1% 的置信水平上显著。F 检验的结果否定了所有变量共同对因变量没有解释力度的假设，表明回归方程具有解释力度。表 5-6 的模型(3)回归结果显示，回归方程的拟合度为 0.2718，调整拟合优度为 0.1798，F 值为 2.96，F 值在 1% 的置信水平上显著。F 检验的结果否定了所有变量共同对因变量没有解释力度的假设，表明回归方程具有解释力度。

表 5-4　　　　　调节效应的回归结果（自变量为是否捐赠）

因变量	CAR 值	CAR 值	CAR 值
	(1)	(2)	(3)
控制变量			
总资产	-0.0013 ($t=-0.54, p=0.592$)	-0.0031 ($t=-1.05, p=0.296$)	-0.0035 ($t=-1.20, p=0.234$)

因变量	CAR 值	CAR 值	CAR 值
	（1）	（2）	（3）
净资产收益率	−0.0162 ($t=-2.54, p=0.013$)	−0.01681 ($t=-2.51, p=0.014$)	−0.0201 ($t=-3.08, p=0.003$)
自变量			
是否捐赠		0.0119 ($t=1.47, p=0.143$)	0.0179 ($t=2.20, p=0.030$)
调节变量			
无形资产价值		0.01178 ($t=0.38, p=0.703$)	−0.0162 ($t=-0.47, p=0.640$)
产权性质		−0.0019 ($t=-0.24, p=0.810$)	−0.0019 ($t=-0.25, p=0.803$)
行业性质		−0.0007 ($t=-0.10, p=0.919$)	0.003 ($t=0.43, p=0.665$)
事件性质		−0.0049 ($t=-0.60, p=0.551$)	−0.0073 ($t=-0.89, p=0.375$)
市场化程度		0.0017 ($t=1.04, p=0.300$)	0.0008 ($t=0.49, p=0.625$)
交互项			
是否捐赠×无形资产价值			0.0846 ($t=1.02, p=0.309$)
是否捐赠×产权性质			−0.0221 ($t=-1.54, p=0.127$)
是否捐赠×行业性质			−0.0059 ($t=-0.42, p=0.678$)
是否捐赠×事件性质			−0.0426 ($t=-2.66, p=0.009$)
是否捐赠×市场化程度			0.0102 ($t=2.97, p=0.004$)

续表

因变量	CAR 值	CAR 值	CAR 值
	（1）	（2）	（3）
R^2	0.0561	0.0988	0.2218
Adjusted-R^2	0.0395	0.0320	0.1236
F	3.39 （$p=0.0373$）	1.48 （$p=0.1728$）	2.26 （$p=0.0118$）

注：变量系数括号内的数值为 t 值和显著性水平 p 值。

表5-5　　　　调节效应的回归结果（自变量为捐赠金额）

因变量	CAR 值	CAR 值	CAR 值
	（1）	（2）	（3）
控制变量			
总资产	−0.0013 （$t=-0.54, p=0.592$）	−0.0046 （$t=-1.48, p=0.141$）	−0.0054 （$t=-1.85, p=0.068$）
净资产收益率	−0.0162 （$t=-2.54, p=0.013$）	−0.0186 （$t=-2.76, p=0.007$）	−0.0233 （$t=-3.66, p=0.000$）
自变量			
捐赠金额		0.0014 （$t=2.13, p=0.036$）	0.0019 （$t=3.10, p=0.003$）
调节变量			
无形资产价值		0.0087 （$t=0.28, p=0.777$）	−0.0299 （$t=-0.91, p=0.367$）
产权性质		−0.0033 （$t=-0.43, p=0.667$）	−0.0043 （$t=-0.61, p=0.545$）
行业性质		−0.0017 （$t=-0.24, p=0.813$）	0.0012 （$t=0.18, p=0.859$）

因变量	CAR 值	CAR 值	CAR 值
	（1）	（2）	（3）
事件性质		-0.0051 （$t=-0.63, p=0.529$）	-0.0078 （$t=-1.02, p=0.311$）
市场化程度		0.0016 （$t=0.97, p=0.332$）	0.0003 （$t=0.18, p=0.861$）
交互项			
捐赠金额× 无形资产 价值			0.0096 （$t=1.66, p=0.100$）
捐赠金额× 产权性质			-0.0026 （$t=-2.46, p=0.016$）
捐赠金额× 行业性质			-0.0003 （$t=-0.30, p=0.762$）
捐赠金额× 事件性质			-0.0035 （$t=-3.02, p=0.003$）
捐赠金额× 市场化程度			0.0009 （$t=3.60, p=0.000$）
R^2	0.0561	0.1176	0.2968
Adjusted-R^2	0.0395	0.0522	0.2080
F	3.39 （$p=0.0373$）	1.80 （$p=0.0849$）	3.34 （$p=0.0003$）

注：变量系数括号内的数值为 t 值和显著性水平 p 值。

本书的 H3a 假设提出，相比于拥有较少无形资产价值的企业，拥有较高无形资产价值企业参与捐赠提升企业负面事件发生时的累计异常收益率的效果更强；本书的 H3b 假设提出，相比于拥有较少无形资产价值的企业，拥有较高无形资产价值企业捐赠金额与企业负面事件发生时的累计异常收益率的正相关关系更强。

当自变量为是否捐赠（ $donate_{t-1}$ ）时，无形资产价值与企业捐赠的交互项的系数为正，但交互项的系数不显著（ $\beta = 0.0846$ ， $t = 1.02$ ， $p = 0.309$ ）。回归结果表明，无形资产价值对企业前期是否参与捐赠和负面事件发生时累计异常收益率关系的调节效应不显著。分层回归结果显示，当自变量为捐赠金额（ $domount_{t-1}$ ）时，无形资产价值与企业捐赠的交互项的系数为正，但交互项的系数不显著（ $\beta = 0.0096$ ， $t = 1.66$ ， $p = 0.100$ ）。回归结果表明，无形资产价值对企业前期捐赠金额与负面事件发生时累计异常收益率关系的调节效应不显著。分层回归结果显示，当自变量为捐赠比重（ $radonate_{t-1}$ ）时，无形资产价值与企业捐赠的交互项的系数为正，但交互项的系数不显著（ $\beta = 58.7165$ ， $t = 0.59$ ， $p = 0.555$ ）。回归结果表明，无形资产价值对企业前期捐赠比值与负面事件发生时累计异常收益率关系的调节效应不显著。

从实证结果考察，无形资产价值对企业是否参与捐赠与负面事件发生时累计异常收益率的关系的影响不显著，H3a 假设没有得到实证结果的支持。无形资产价值对企业捐赠金额的绝对值与负面事件发生时累计异常收益率的关系及企业捐赠比重与负面事件发生时累计异常收益率的关系的影响均不显著，H3b 假设也没有得到实证结果的支持。回归结果没有支持无形资产价值对企业捐赠保险效应具有显著影响的研究假设。

本书的 H4a 假设提出，与国有企业相比，民营企业前期参与捐赠提升企业负面事件发生时的累计异常收益率的效果较弱；本书的 H4b 假设提出，与国有企业相比，民营企业前期捐赠金额与企业负面事件发生时的累计异常收益率的正相关关系较弱。

当自变量为是否捐赠（ $donate_{t-1}$ ）时，产权性质与企业捐赠的交互项的系数为负，但该交互项的系数并不显著（ $\beta = -0.0221$ ， $t = -1.54$ ， $p = 0.127$ ）。回归结果表明，产权性质对企业前期是否参与捐赠与负面事件发生时累计异常收益率关系的调节效应不显著。分层回归结果显示，当自变量为捐赠金额（ $domount_{t-1}$ ）时，产权性质与企业捐赠的交互项的系数为负，且该交互项的系数在5%的置信水平上是显著的（$\beta=-0.0026$，$t=-2.46$，$p=0.016$）。分层回归结果显示，当自变量为捐赠比重（radonate$_{t-1}$）时，产权性质与企业捐赠的交互项的系数为负，且交互项的系数在5%的置信水平上是显著的（$\beta=-42.518$，$t=-2.63$，$p=0.010$）。回归结果表明，从企业捐赠的绝对值和相对比值考察，产权性质对企业前期捐赠金额与负面事件发生时累计异常收益率关系具有显著的调节效应，即相比于国有企业，民营企业前期捐赠金额与企业负面事件发生时的累计异常收益率的正相关关系较弱。

从实证结果考察，产权性质对企业是否捐赠与负面事件发生时累计异常收益率的关系的调节效应不显著，研究结果没有支持 H4a 假设。产权性质对企业捐赠金额与负面事件发生时累计异常收益率关系具有显著的调节效应，研究结果支持了 H4b 假设。产权性质对企业捐赠保险效应的调节作用得到部分支持。实证研究结果表明，产权性质能够显著影响中国企业捐赠的保险效应，相比于国有企业，民营企业捐赠在企业负面事件发生时为股东财富保值的效果越弱。

5.2.3 行业因素调节效应的检验

本书的 H5a 假设提出，相对于非环境敏感型行业的企业，环境敏感型行业的企业前期参与捐赠提升企业负面事件发生时的累计异常收益率的效果较弱；本书的 H5b 假设提出，相对于非环境敏感型行业的企业，环境敏感型行业的企业前期捐赠金额与企业负面事件发生时的累计异常收益率的正相关关系较弱。

当自变量为是否捐赠（donate$_{t-1}$）时，行业性质与企业捐赠的交互项的系数为负，但交互项的系数不显著（$\beta=-0.0059$，$t=-0.42$，$p=0.678$）。回归结果表明，行业性质对是否捐赠与负面事件发生时累计异常收益率关系的调节效应不显著。当自变量为捐赠金额（domount$_{t-1}$）时，行业性质与企业捐赠的交互项的系数为负，但交互项的系数不显著（$\beta=-0.0003$，$t=-0.3$，$p=0.762$）。回归结果表明，行业性质对企业捐赠金额与累计异常收益率关系的调节效应不显著。当自变量为捐赠比重（radonate$_{t-1}$）时，行业性质与企业捐赠变量的交互项的系数为正，且该交互项的系数在5%的置信水平上是显著的（$\beta = -46.0579$，$t = -2.17$，$p = 0.032$）。回归结果表明，行业性质对企业捐赠比重与累计异常收益率关系具有显著的调节效应。

回归分析结果表明，行业性质对企业是否参与捐赠与负面事件发生时累计异常收益率的关系不显著，H5a 假设没有得到支持。行业性质对企业捐赠金额的绝对值与负面事件发生时累计异常收益率的关系的影响不显著，行业性质对企业捐赠保险效应的调节作用主要体现在对企业捐赠比重与负面事件发生时累计异常收益率的关系，H5b 假设得到部分支持。

5.2.4 事件因素调节效应的检验

本书的 H6a 假设提出，相比于发生其他企业负面事件，发生竞争性负面事件时企业前期参与捐赠提升累计异常收益率的效果较弱。本书的 H6b 假设提出，相比于发生其他负面事件，发生竞争性负面事件时企业前期捐赠金额与累计异常收益率的正相关关系较弱。

分层回归结果显示，当自变量为是否捐赠（donate$_{t-1}$）时，事件性质与企业捐赠的交互项的系数为负，且交互项的系数在1%的置信水平上是显著的（$\beta = -0.0426$，$t = -2.66$，$p = 0.009$）。回归结果表明，事件性质对是否捐赠与负面事件发生时累计异常收益率关系具有显著的调节效应，即相比于发生其他性质企业负面事件，发生竞争性负面事件时企业前期参与捐赠提升累计异常收益率的效果较弱。

分层回归结果显示，当自变量为捐赠金额（domount$_{t-1}$）时，事件性质与企业捐赠的交互项的系数为负，且交互项的系数在1%的置信水平上是显著的（$\beta = -0.0035$，$t = -3.02$，$p = 0.003$）。回归结果表明，事件性质对企业捐赠金额与负面事件发生时累计异常收益率关系具有显著的调节效应，即相比于发生其他负面事件，发生竞争性负面事件时企业前期捐赠金额与累计异常收益率的正相关关系较弱。分层回归结果显示，当自变量为捐赠比重（radonate$_{t-1}$）时，事件性质与企业捐赠的交互项的系数为负，且交互项的系数在5%的置信水平上是显著的（$\beta = -31.3987$，$t = -2.59$，$p = 0.011$）。回归结果表明，事件性质对企业捐赠比重与负面事件发生时累计异常收益率关系具有显著的调节效应，即相比于发生其他负面事件，发生竞争性负面事件时企业前期捐赠比重与累计异常收益率的正相关关系较弱。

回归分析结果表明，事件性质能够显著影响企业是否参与捐赠与负面事件发生时累计异常收益率的关系，研究结果支持了 H6a 假设。回归分析结果表明，事件性质也能够显著影响企业捐赠金额与负面事件发生时累计异常收益率的关系，研究结果支持了 H6b 假设。从实证结果考察，事件性质对企业捐赠保险效应的调节作用得到验证。实证研究结果表明，事件性质能够显著影响中国企业捐赠的保险效应，相比于发生其他性质的企业负面事件，发生竞争性负面事件时企业捐赠为股东财富保值的效果越弱。

5.2.5 制度因素的调节效应的检验

本书的 H7a 假设提出，相比于市场化程度较低地区的企业，市场化程度较高地区企业前期参与捐赠提升企业负面事件发生时的累计异常收益率的效果较强。本书的 H7b 假设提出，相比于市场化程度较低地区的企业，市场化程度较高地区企业前期捐赠金额与企业负面事件发生时的累计异常收益率的正相关关系较强。

分层回归结果显示，当自变量为是否捐赠（donate$_{t-1}$）时，市场化程度与企业捐赠的交互项的系数为正，且交互项的系数在1%的置信水平上是显著的（$\beta = 0.0102$，$t = 2.97$，$p = 0.004$）。回归结果表明，市场化程度对企业前期是否参与捐赠和负面事件发生时累计异常收益率关系具有显著的调节效应，即相比于市场化程度较低地区的企业，市场化程度较高地区企业前期参与捐赠提升企业负面事件发生时的累计异常收益率的效果较强。

分层回归结果显示，当自变量为捐赠金额（domount$_{t-1}$）时，市场化程度与企业捐赠的交互项的系数为正，且交互项的系数在1% 的置信水平上是显著的（ $\beta = 0.0009$ ， $t = 3.60$ ， $p = 0.000$ ）。回归结果表明，市场化程度对企业捐赠金额与负面事件发生时累计异常收益率关系具有显著的调节效应，即相比于市场化程度较低地区的企业，市场化程度较高地区企业前期捐赠金额与企业负面事件发生时的累计异常收益率的正相关关系较强。分层回归结果显示，当自变量为捐赠比重（ $\mathrm{radonate}_{t-1}$ ）时，市场化程度与企业捐赠的交互项的系数为正，且交互项的系数在 1% 的置信水平上是显著的（ $\beta = 12.7019$ ， $t = 2.77$ ， $p = 0.007$ ）。回归结果表明，市场化程度对企业捐赠比重与负面事件发生时累计异常收益率关系具有显著的调节效应，即相比于市场化程度较低地区的企业，市场化程度较高地区企业前期捐赠比重与企业负面事件发生时的累计异常收益率的正相关关系较强。

回归结果表明，市场化程度能够显著影响企业是否参与捐赠与负面事件发生时累计异常收益率的关系，研究结果支持了 H7a 假设。回归结果表明，市场化程度也能够显著影响企业捐赠金额与负面事件发生时累计异常收益率的关系，研究结果支持了 H7b 假设。从实证结果考察，市场化程度对企业捐赠保险效应的调节作用得到验证。实证结果表明，市场化程度能显著影响中国企业捐赠的保险效应，市场化程度越高，则企业捐赠在企业负面事件发生时为股东财富保值的效果越强。

表 5-6　　调节效应的分层回归结果（自变量为捐赠比重）

因变量	CAR 值	CAR 值	CAR 值
	（1）	（2）	（3）
控制变量			
总资产	−0.0013 ($t = -0.54, p = 0.592$)	−0.0033 ($t = -1.22, p = 0.225$)	−0.0016 ($t = -0.59, p = 0.554$)
净资产收益率	−0.0162 ($t = -2.54, p = 0.013$)	−0.0189 ($t = -2.88, p = 0.005$)	−0.0169 ($t = -2.67, p = 0.009$)

续表

因变量	CAR 值	CAR 值	CAR 值
	（1）	（2）	（3）
自变量			
捐赠比重		10.31903 ($t=2.85,p=0.005$)	−0.9693 ($t=-0.10,p=0.921$)
调节变量			
无形资产价值		0.0146 ($t=0.49,p=0.622$)	0.0218 ($t=0.77,p=0.442$)
产权性质		−0.0015 ($t=-0.20,p=0.846$)	−0.0021 ($t=-0.28,p=0.778$)
行业性质		−0.0035 ($t=-0.50,p=0.616$)	−0.009 ($t=-1.25,p=0.215$)
事件性质		−0.0093 ($t=-1.16,p=0.249$)	−0.0111 ($t=-1.44,p=0.152$)
市场化程度		0.0012 ($t=0.74,p=0.461$)	0.0022 ($t=1.43,p=0.156$)
交互项			
捐赠比重× 无形资产 价值			58.7165 ($t=0.59,p=0.555$)
捐赠比重× 产权性质			−42.5180 ($t=-2.63,p=0.010$)
捐赠比重× 行业性质			−46.0579 ($t=-2.17,p=0.032$)
捐赠比重× 事件性质			−31.3987 ($t=-2.59,p=0.011$)
捐赠比重× 市场化程度			12.7019 ($t=2.77,p=0.007$)
R^2	0.0561	0.1450	0.2718
Adjusted-R^2	0.0395	0.0817	0.1798
F	3.39 ($p=0.0373$)	2.29 ($p=0.0264$)	2.96 ($p=0.0011$)

注：变量系数括号内的数值为 t 值和显著性水平 p 值。

5.3　稳健性检验

为了保证研究结果的可靠性，笔者将进行如下稳健性检验。

首先，本书的研究背景是我国上市公司负面事件的情景，前文的实证研究只是将负面事件作为研究背景，而没有加入负面事件本身的因素，这可能降低了实证研究的科学性和稳健性。为了尽可能多地控制负面事件本身的影响，提高本书研究的科学性和稳健性，研究模型加入反应负面事件性质的因素，重新验证企业捐赠保险效应及其影响因素。在上市公司被起诉事件中，加入反应企业被起诉事件性质的因素包括：案件所涉及的金额，取值为金额的自然对数；案件执行情况，诉讼仲裁数据库显示了案件执行信息的被起诉事件取值为 1，没有显示案件执行信息的被起诉事件取值为 0。在原回归方程的基础上，添加案件所涉及金额和执行情况作为控制变量。回归结果显示，在加入反应企业被起诉事件性质的两个因素后，方程回归结果与原方程回归结果基本一致。

其次，本书的研究重新设置事件窗口期，检验中国企业捐赠的保险效应和组织因素等因素对企业捐赠保险效应的影响。计算新设置窗口期发生被起诉事件企业的累计异常收益率，估计窗口设置为 $(-200, -5)$，事件窗口设置为 $(-2, 2)$，以 $CAR(-2, 2)$ 表示新计算的累计异常收益率。以 $CAR(-2, 2)$ 作为因变量，重新对企业捐赠对累计异常收益率进行回归，同样对无形资产价值等调节作用进行重新检验。实证研究结果显示，以重新计算的累计异常收益率为因变量的回归结果与原方程的回归结果基本一致。

最后，将控制变量中的净资产收益率改为总资产收益率，重新利用最小二乘法估计各回归方程。实证研究结果显示，以总资产收益率作为控制变量的回归结果与原方程的回归结果基本一致。将市场化程度依次替换为法制化程度、政府干预和要素市场发育程度，重新利用最小二乘法估计回归方程，方程回归结果与原方程回归结果基本一致。

以上通过描述性统计分析和回归分析，对本书提出的 12 个假设进行了逐一的验证。笔者根据企业捐赠保险模型、制度理论和寻

100

租理论等理论模型，提出了 12 个研究假设。通过实证结果分析，假设 H1、H2、H4b、H6a、H6b、H7a、H7b 均得到支持，H5b 得到部分支持，而 H3a、H3b、H4a、H5a 没有得到实证结果的支持。现将假设检验的结果进行汇总，汇总结果如表 5-7 所示。

从假设检验的结果可以看出，根据企业捐赠保险模型、制度理论和寻租理论等理论模型推导出的企业前期参与捐赠能够提升企业负面事件发生时累计异常收益率及市场化程度因素、事件因素对企业捐赠保险效应的调节作用等假设得到了实证结果的支持，产权性质和行业性质对企业捐赠保险效应的调节作用等假设得到了实证结果的部分支持，但是无形资产价值对企业捐赠保险效应的调节作用没有得到支持，接下来本书将对这些结果进行具体的讨论。

表 5-7　　　　　　　　　假设检验结果汇总

假设代码	假设内容	检验结果
H1	前期参与捐赠的企业比前期没有参与捐赠企业的负面事件时的累计异常收益率较高	支持
H2	前期捐赠的金额越大，负面事件时累计异常收益率越高	支持
H3a	相比于较少无形资产价值企业，较高无形资产价值企业参与捐赠提升负面事件时的累计异常收益率的效果较强	不支持
H3b	较高无形资产价值企业比较少无形资产价值企业捐赠金额与企业负面事件发生时的累计异常收益率的正相关关系较强	不支持
H4a	民营企业比国有企业前期参与捐赠提升负面事件时的累计异常收益率的效果较弱	不支持
H4b	民营企业比国有企业前期捐赠金额与负面事件时的累计异常收益率的正相关关系较弱	支持
H5a	环境敏感型行业企业比其他行业企业前期参与捐赠提升负面事件时的累计异常收益率的效果较弱	不支持

假设代码	假设内容	检验结果
H5b	环境敏感型行业的企业比其他行业企业前期捐赠金额与负面事件时的累计异常收益率的正相关关系较弱	部分支持
H6a	发生竞争性负面事件的企业比其他负面事件企业前期参与捐赠提升负面事件时的累计异常收益率的效果较弱	支持
H6b	发生竞争性负面事件的企业比其他负面事件企业前期捐赠金额与负面事件时累计异常收益率的正相关关系较弱	支持
H7a	市场化程度较高地区企业比市场化程度较低地区企业参与捐赠提升负面事件时的累计异常收益率效果较强	支持
H7b	市场化程度较高地区企业比市场化程度较低地区企业捐赠金额与负面事件时累计异常收益率正相关关系较强	支持

5.4　讨论

5.4.1　中国企业捐赠的保险效应

已有研究基于发达国家资本市场的数据对环境信息披露等方面的社会责任的保险效应进行了研究，发现信息披露等方面的社会责任具有保险效应，即公司负面事件发生时减缓股东财富损失的效应。本书基于中国转型经济的制度背景，对企业捐赠的保险效应进行了检验。

笔者研究发现，中国企业前期参与捐赠能显著提升企业负面事件发生时的累计异常收益率；从企业捐赠金额的绝对值和相对比重考察，企业捐赠金额越大，则企业负面事件发生时累计异常收益率越高。

已有企业捐赠及其他方面社会责任保险效应的研究均是基于成熟市场经济国家的制度背景，本书的研究首次基于中国转型经济的制度背景研究企业捐赠保险效应，扩展了企业捐赠保险效应研究的范围。Godfrey（2005）等学者基于成熟市场经济的制度背景开发出企业捐赠保险模型，已有学者对成熟市场经济国家企业捐赠和其他方面社会责任保险效应也给予了验证。根据企业捐赠保险模型，企业捐赠保险效应发挥所需依赖的条件包括企业捐赠行为符合企业所在社区的价值观、企业捐赠的动机是否受到利益相关者的积极评价、企业所在的资本市场是非完全效率等。由于成熟市场经济环境与转型经济环境存在较大的差异，基于成熟市场经济环境的企业捐赠保险效应不一定适用于转型经济的制度环境，笔者对中国转型经济的制度背景下企业捐赠保险效应所需具备的一系列条件进行了考查，在此基础上，提出，中国企业捐赠也具有保险效应。结果表明，与基于发达国家企业社会责任保险效应研究结果一致，在中国转型经济的制度背景下，企业捐赠同样具有保险效应，从而将企业捐赠保险效应研究扩展到转型经济的制度背景，加强了企业捐赠存在保险效应的研究结论的普适性。

5.4.2 组织因素对企业捐赠保险效应的影响作用

本书对无形资产价值、产权性质对企业捐赠保险效应的调节效应进行了检验。研究结果表明，拥有较高无形资产价值企业参与捐赠提升企业负面事件发生时的累计异常收益率的效果并不显著强于拥有较少无形资产价值的企业，拥有较高无形资产价值企业捐赠金额与企业负面事件发生时的累计异常收益率的正相关关系也不显著强于拥有较少无形资产价值的企业。与已有研究结果不一致，笔者没有发现无形资产价值影响企业捐赠保险效应。

本书假设所指的无形资产价值包含人力资源和能力、创新资源和能力、声誉等方面的资产。实际上，严格按照管理学意义上的无形资产内涵，准确度量无形资产的会计指标是没有的。关于中国企业无形资产价值的实证研究文献很少，少数相关实证文献则采用企业年报中的无形资产项目来衡量。借鉴已有研究文献的做法，本书的研究采用企业会计年报中的无形资产指标来衡量企业的无形资产价值。企业会计年报中无形资产分为可辨认无形资产和不可辨认无形资产。可辨认无形资产包括专利权、专有技术、商标权、著作权、土地使用权、特许权；不可辨认无形资产是指商誉。由于管理学意义上的企业无形资产价值度量的难度很大，会计年报中的无形资产指标并不能非常精确地度量研究假设中所指的管理学意义上的无形资产价值，这可能导致了本研究没有得出无形资产价值影响企业捐赠保险效应的结论。

笔者研究发现，产权性质对企业捐赠金额与累计异常收益率关系具有显著的调节效应。实证研究结果表明，产权性质能够显著影响中国企业捐赠的保险效应，民营企业捐赠的保险效应弱于国有企业，即在企业负面事件发生时，民营企业前期捐赠为股东财富提供保值的效果弱于国有企业。已有研究表明，我国普通公众对国有企业捐赠的积极评价高于民营企业，强烈的寻租动机降低了利益相关者对民营企业捐赠积极响应的程度（钟宏武，2008；李越冬，张会芹，2010）。寻租动机导致利益相关者对民营企业捐赠的积极评价程度低于国有企业，也导致了民营企业捐赠的保险效应弱于国有企业。

5.4.3　行业因素对企业捐赠保险效应的影响作用

本书对行业因素对企业捐赠保险效应的影响作用进行了检验。笔者研究发现，行业性质对企业捐赠保险效应的调节作用主要体现在对企业捐赠比重与累计异常收益率的关系，环境敏感型行业的企业前期捐赠比重与累计异常收益率的正相关关系显著弱于非环境敏感型行业的企业。

行业性质对企业捐赠保险效应的调节作用主要在于环境敏感型行业企业和其他行业企业捐赠动机的差异。环境敏感型行业企业捐赠具有赎罪或弥补动机，这降低了环境敏感型行业企业捐赠动机的纯粹性和利他性，导致利益相关者对环境敏感型行业企业捐赠积极响应的程度较低，进而减弱了企业捐赠的保险效应。行业性质调节作用的实证结果表明，企业捐赠的赎罪或弥补动机确实将影响企业捐赠的保险效应。

5.4.4 事件因素对企业捐赠保险效应的影响作用

本书对企业负面事件性质对企业捐赠保险效应的影响作用进行了检验。实证结果表明，事件性质能够显著影响企业是否参与捐赠与累计异常收益率的关系，也能够显著影响企业捐赠金额与累计异常收益率的关系。笔者研究发现，事件性质能够显著影响中国企业捐赠的保险效应，相比于发生其他负面事件，发生竞争性负面事件时企业捐赠为股东财富保值的效果越弱，事件性质对企业捐赠保险效应的调节作用得到验证。

事件性质对企业捐赠保险效应的作用主要在于企业负面事件本身是不是"坏事"关系到道德声誉资本的价值。在企业负面事件发生时，前期捐赠产生的道德声誉资本具有促使利益相关者倾向于认为企业是"好人不慎做了坏事"而不是"坏人做坏事"。然而，如果企业负面事件本身是不是"坏事"变得不再清晰或者企业负面事件的恶劣性和侵犯性不明显，换言之，如果企业负面事件属于竞争性企业负面事件，则道德声誉资本的价值减弱，导致企业捐赠的保险效应较弱。事件性质调节作用的实证结果表明，企业负面事件的性质确实将影响企业捐赠的保险效应。

5.4.5 制度因素对企业捐赠保险效应的影响作用

本书对市场化程度对企业捐赠保险效应的影响作用进行了检验。笔者研究发现，市场化程度显著影响企业捐赠的保险效应，即相对于市场化程度较低地区的企业，市场化程度较高地区的企业前期参与捐赠提升企业负面事件发生时累计异常收益率的效果较强，市场化程度较高地区的企业前期捐赠金额与企业负面事件发生时累计异常收益率的正相关关系较强。

市场化程度对企业捐赠保险效应的作用主要在于对企业捐赠寻租动机的影响，即市场化程度较低的地区，法制化程度较低，行政力量较强，政府掌握着企业急需的稀缺资源，建立、维持与政府的关系的价值较大，企业捐赠的寻租动机较强；市场化程度较低的地区，政府干预较为严重，政府官员极有可能受非法提供的金钱或其他报酬引诱，做出有利于提供报酬的人从而损害公众和公众利益的行为，寻租因较强的政府干预成为可能，又必然因这种干预的过度且缺乏规范和监督而成为现实；市场化程度较低的地区，要素市场发育程度较低，企业融资权利和渠道受到的限制越大，企业发展遇到的资金困难更明显，因而企业越有动机借助政治关系等非市场机制获得融资渠道资源。

　　总之，市场化程度较低的地区，法制化程度较低，政府干预较为严重，要素市场发育程度较低，企业寻租的风险更低、收益更高，企业通过捐赠建立、维持政治关联的动机更为强烈。根据本书的论述，企业捐赠的寻租动机越强烈，则企业捐赠动机的纯粹性和利他性较低，企业捐赠受到利益相关者的积极评价程度较低，这将导致企业捐赠的保险效应较弱。笔者研究发现，市场化程度较高地区企业捐赠保险效应比市场化程度较低地区企业较强。较为强烈的寻租动机降低了利益相关者对市场化程度较低地区企业捐赠的评价，进而导致市场化程度较低地区企业捐赠的保险效应较弱。

　　在深入考察和比较中国企业捐赠的各种动机的基础上，本书将寻租动机引入企业捐赠保险模型，考察了企业捐赠的寻租动机对企业捐赠保险效应的作用机理，并运用实证方法对企业捐赠寻租动机的作用进行了检验。本书通过对市场化程度和产权性质对企业捐赠保险效应的调节作用的检验，论证了企业捐赠的寻租动机确实将影响企业捐赠的保险效应。本书的研究结果对企业捐赠保险模型的理论研究有所启示。在考察企业捐赠保险效应时，应深入探讨企业捐赠的动机，比较各种企业捐赠动机的纯粹性和利他性。

　　现有关于企业捐赠经济效应的研究对象大部分是处于正常经营或经营良好的企业，研究这些企业良好的捐赠表现能否提升企业声誉、提高财务绩效、改善利益相关者关系。阐述企业捐赠增值效应的理论模型较多，探讨了企业捐赠增加企业价值的多个作用路径，但是实证研究结果却没有对企业捐赠的增值效应给予有力的支持，企业捐赠的增值效应仍存在很大争议。与以往研究不同，本书的研究对象为发生负面事件的企业，研究重点不在于企业捐赠提升企业声誉和改善财务绩效的经济效应，而在于企业捐赠在企业危机中保障股东财富的保值效应，即 Godfrey 等学者所称的企业捐赠保险效应。本书的研究结果表明，中国企业捐赠具有保值效应，即在公司危机事件中保护企业价值的效应。本研究对企业捐赠经济效应的研究有所启示，企业捐赠经济效应的研究不能只限于增值效应，企业捐赠保值效应同样应受到关注，这样才能更加清晰地了解企业捐赠对企业绩效的作用机理。

第6章 结论、局限及未来研究方向

6.1 结论

本书的研究基于中国转型经济的制度背景，运用企业捐赠保险模型，探讨了中国企业捐赠是否具有保险效应，并深入探讨和比较了中国企业捐赠的各种动机，研究了中国企业捐赠保险效应的作用机理，得出了如下结论。

一方面，本书通过论述中国传统慈善思想文化、西方企业社会责任运动对中国的影响、现阶段社会公众对企业履行社会责任的道德诉求及我国政府对企业捐赠的鼓励政策而得出中国企业的捐赠行为符合所在社区的价值观的结论，通过两份关于中国企业捐赠动机和行为的大样本调查结果揭示了中国企业捐赠具有显著的利他动机，周延风等企业社会责任专家的研究结果则表明利益相关者对中国企业捐赠动机和行为作出了积极响应，且中国资本市场仍是非完全效率的。根据企业捐赠保险模型，中国企业捐赠符合了相关假设条件，中国企业捐赠应具有保险效应。研究结果显示，前期参与捐赠的企业比前期没有参与捐赠企业的负面事件发生时的累计异常收益率较高；企业捐赠的金额越大，企业负面事件发生时的累计异常收益率越高，结果表明，中国企业捐赠具有保险效应，即企业捐赠具有在企业负面事件发生时为股东财富提供保值的效应。

另一方面，根据企业捐赠保险模型、寻租理论和制度理论等理论模型的相关研究成果，笔者提出，无形资产价值、产权性质、行业性质、事件性质和市场化程度对企业捐赠保险效应具有调节作用。

根据企业捐赠保险模型，本书提出企业的无形资产价值影响企业捐赠保险效应的研究假设,实证结果并没有支持研究假设。本书假设所指的无形资产价值包含人力资源等方面的资产。无形资产的度量难度很大,会计指标可能难以精确度量。无形资产量的难度可能影响了指标选取的精确性,进而导致研究结果失去了效力。

根据寻租理论的研究成果和案例分析,本书提出,与其他捐赠动机相比,企业捐赠的寻租动机的纯粹性和利他性较低(Hagan & Harvey,2000;余明桂等,2010)。已有研究成果表明,民营企业的捐赠寻租动机比国有企业较为强烈。相对于国有企业,民营企业的捐赠保险效应较弱。产权性质对企业捐赠金额与负面事件发生时累计异常收益率关系具有显著的调节效应,结果表明,相比于国有企业,民营企业捐赠的保险效应较弱,即民营企业捐赠在企业负面事件发生时为股东财富保值的效应弱于国有企业。

根据已有研究文献,环境敏感型行业企业的慈善捐赠具有补偿动机或赎罪动机(Brammer & Millington,2005),这降低了企业捐赠的纯粹性和利他性。本书提出,相对于其他行业企业,环境敏感型行业企业捐赠的保险效应较弱。研究结果显示,行业性质对企业捐赠比重与企业负面事件发生时的累计异常收益率的关系具有显著的调节效应,结果表明,相对于其他行业的企业,环境敏感型行业企业捐赠的保险效应较弱,即环境敏感型行业企业捐赠在企业负面事件发生时为股东财富提供保值的效应弱于其他行业企业。

当企业负面事件本身是不是"坏事"都不明显或企业负面事件的恶劣性和侵犯性不明显时,则企业捐赠的保险效应将减弱。相对于其他企业负面事件,竞争性负面事件的恶劣性和侵犯性不明显。本书提出,相比于发生其他负面事件,发生竞争性负面事件的企业捐赠保险效应较弱。研究结果显示,事件性质对企业参与捐赠提升企业负面事件发生时才累计异常收益率的关系和企业捐赠金额与企业负面事件发生时累计异常收益率的关系具有显著的调节效应,结果表明,相比于发生其他性质的企业负面事件,发生竞争性负面事件的企业捐赠的保险效应较弱,即发生竞争性负面事件的企业捐赠为股东财富提供保值的效应弱于发生非竞争性负面事件的企业。

已有寻租理论和制度理论的相关文献表明,市场化程度较低地区企业的捐赠寻租动机比市场化程度较高地区企业较为强烈（罗党论，唐清泉，2009）。本书提出，相对于市场化程度较低地区企业，市场化程度较高地区企业的捐赠保险效应较强。研究结果显示，市场化程度对企业参与捐赠提升负面事件发生时累计异常收益率的关系和企业捐赠金额与负面事件发生时累计异常收益率的关系均具有显著的调节作用，结果表明，相对于市场化程度较低地区企业，市场化程度较高地区企业捐赠的保险效应较强，即市场化程度较高地区企业捐赠在企业负面事件发生时为股东财富保值的效应强于市场化程度较低地区企业。

6.2　理论贡献

本书基于中国转型经济的制度背景，探讨中国企业捐赠的保险效应及其影响因素。研究结果发现，中国企业的捐赠具有保险效应，即在企业负面事件发生时企业捐赠具有为股东财富提供保值的效应。本书的研究结果还发现，企业捐赠的保险效应受到产权性质、行业性质、事件性质和市场化程度的影响，即国有企业的捐赠保险效应强于民营企业、环境敏感型行业企业捐赠保险效应弱于非环境敏感型行业企业、发生竞争性负面事件企业的捐赠保险效应弱于发生非竞争负面事件企业、市场化程度较高地区企业捐赠保险效应强于市场化程度较低地区企业。本书的研究具有重要的理论贡献。

第一，本书在深入探讨和比较中国企业的各种捐赠动机的基础上，将企业捐赠的寻租动机引入企业捐赠保险模型，在理论上确认了企业捐赠寻租动机对企业捐赠保险效应的影响，弥补了现有企业捐赠保险效应研究对企业捐赠动机探讨不足的缺陷，对企业捐赠保险效应的研究文献作出了贡献。在回顾已有文献的基础上，本书将企业捐赠的动机划分为经济动机、道德伦理动机、政治和制度动机（Eampbell et al.，2002；Schwartz，2003；Garriga & Mele，2004；Hagan & Harvey，2000）。本书结合寻租理论，在深入考察和比较中国企业捐赠的各种动机的基础上发现，相对于其他企业捐赠动机，企业捐赠的寻租动机的纯粹性和利他性较低。企业捐赠的纯粹性和利他性将影响利益相关者对企业捐赠动机的评价，进而影响企业捐赠的保险效应。

企业从事捐赠所希望展现的是利他性企业价值观，即企业不仅关注自身的商业利益，企业还希望为社会发展做出贡献。企业寻租行为是损害社会福利的行为，寻租行为向社会展现的是企业价值观中自私的一面。可见，企业捐赠与企业寻租所展现的企业价值观是冲突的，企业捐赠展现的是利他性的企业价值观，而企业寻租透露的是企业价值观中的自私自利的方面。寻租动机使利益相关者对企业从事慈善捐赠的真实动机产生怀疑，基于寻租动机的企业捐赠行为较难获取利益相关者的积极响应，寻租动机减弱了企业捐赠的保险效应。

根据寻租理论、制度理论的研究成果和企业家陈光标的案例，本书将企业捐赠的寻租动机引入企业捐赠保险模型，提出企业捐赠的寻租动机将降低企业捐赠的保险效应。借鉴制度理论的研究成果，本书提出，产权性质和市场化程度能够影响企业捐赠寻租动机的强度。本书通过对产权性质、市场化程度对企业捐赠保险效应调节效应的检验，确认了企业捐赠寻租动机对企业捐赠保险效应的影响。

第二，本书基于中国转型经济的制度背景，综合运用企业捐赠保险模型、寻租理论和制度理论等理论模型，探讨了制度因素对企业捐赠保险效应的影响，在理论上确认了制度因素对企业捐赠保险效应的调节效应。已有企业捐赠保险效应的研究均是基于成熟市场经济国家的制度背景，已有研究缺乏考察制度因素对企业捐赠保险效应的影响（Brammer，2005；Godfrey，2005）。制度理论认为，制度约束是企业的经济行为及其绩效的重要决定因素，且制度环境很大程度上决定了企业捐赠动机和捐赠行为。改革开放以来，中国的市场化进程并不是单纯的某个规章制度的变革，而是一系列经济、社会、法律以及政治体制的变革，各省区的市场化程度存在较大的差异（樊纲等，2010）。本书的论述表明，市场化程度能够影响企业捐赠的动机，进而影响企业捐赠的保险效应。本书研究发现，市场化程度对企业捐赠保险效应具有调节效应，即相对于市场化程度

较低地区企业，市场化程度较高地区企业前期捐赠为负面事件发生
时股东财富提供保值的效应较强。本书探讨了制度因素对企业捐赠
保险效应的调节作用，弥补了现有企业捐赠保险效应研究的缺陷，
拓展了企业捐赠保险模型的研究。本书研究结果的一个重要理论启
示是，当企业所处的制度环境与成熟市场经济国家差异较大时，企
业捐赠保险效应的研究应探讨特定制度因素对企业捐赠保险效应的
调节效应。

第三，本书综合探讨组织因素、行业因素、事件因素和制度因
素等多个层面的因素对企业捐赠保险效应的影响，丰富了企业捐赠
保险效应作用机理的研究。与以往研究集中于探讨企业捐赠和其他
方面社会责任是否存在保险效应不同（Blaccoaier，1994；Johes，
2000；Godfrey，2009；Minor，2010），本书不仅探讨了中国制度背
景下企业捐赠是否存在保险效应，还研究了多个层面的因素对企业
捐赠保险效应的影响。本书的研究结果发现，企业捐赠保险效应受
到多个层面的因素的影响，在不同条件下企业捐赠的保险效应是不
同的，从而使企业捐赠保险效应作用机理的研究更加全面。

第四，本书丰富和拓展了寻租的相关研究。已有关于企业寻租
的文献集中于探讨企业的寻租活动对企业自身商业利益的正面影响
和对社会资源配置和社会福利的负面影响，探讨和支持企业寻租活
动对企业自身商业利益产生负面影响的文献很少（石晓乐，许年
行，2009）。在中国转型经济的制度背景下，企业捐赠寻租活动的
做法体现为企业借助捐赠建立和维持政治关联。已有政治关联寻租
文献探讨了政治关联对企业经济利益的正面效应，如低成本的银行
贷款、优惠的税收政策等（Choi et al. ，1999；余明桂等，2010）。
本书的研究结果表明，寻租动机不利于企业捐赠保险效应的发挥。
当强烈的寻租动机使展现利他性价值观的企业捐赠行为演变为寻租
行为，此时企业捐赠所努力展现的利他性价值观的真实性将受到利
益相关者的质疑。企业捐赠动机更多地表现为建立和维持政治关联
的寻租动机时，企业捐赠成为企业的寻租工具，企业捐赠的保险效
应将减弱。笔者发现，寻租动机所引发的企业捐赠行为将对企业自
身的商业利益产生负面影响。寻租行为不仅损害了社会福利，也同

112

样可能伤害企业自身的经济利益。笔者对企业寻租动机的负面效应进行探讨,是对寻租文献缺乏探讨企业寻租对自身利益的负面效应的一个回应,研究结果对寻租文献做出了贡献。

6.3 现实意义

本书的研究结果具有重要的管理实践启示。研究结果发现,前期参与捐赠的企业比前期没有参与捐赠企业的负面事件发生时的累计异常收益率较高,且捐赠金额较高企业的负面事件发生时的累计异常收益率较高,研究结果表明中国企业捐赠行为具有保险效应,即企业捐赠具有在企业负面事件发生时减缓股东财富损失的效应。中国企业捐赠具有保险效应对企业具有重要启示。改革开放以来,随着中国经济的腾飞,中国大批企业迅速成长。然而,在中国企业成长的同时,企业的丑闻事件也越来越多,甚至出现了三聚氰胺事件等行业性企业丑闻事件。丑闻事件是对企业成长的极大冲击和震动。即使是非常成功的企业,也难免偶尔出现丑闻事件,一个丑闻事件击垮一个知名公司的案例不胜枚举。中国不乏短时间内快速成名的企业,但是市场地位稳固、长期立于不败之地的中国企业很少,重要的原因就是企业穷于应对丑闻事件。对希望始终保持较高市场地位、立志成为"常青树"的中国企业,应关注企业如何在危急中保障企业价值。

笔者研究发现,中国企业捐赠具有保险效应,在危机事件中企业捐赠将减缓股东财富的损失,企业捐赠发挥了减震器的作用。企业如果在正常经营时经常参与捐赠,将为企业树立良好的社会形象,积累道德声誉资本,相当于购置了"减震器"。一旦发生丑闻事件,企业捐赠将发挥减震器的作用,保护股东财富。对于关注企业如何在危机中保障企业价值的企业,通过参与捐赠而购置"减震器"是不错的选择。

本书的研究结果表明,国有企业的捐赠保险效应比民营企业的捐赠保险效应较强、非环境敏感型行业企业的捐赠保险效应比环境敏感型行业企业的捐赠保险效应较强、发生非竞争性负面事件企业的捐赠保险效应比发生竞争性负面事件企业的捐赠保险效应较强、市场化程度较高地区企业捐赠保险效应比市场化程度较低地区企业捐赠保险效应较强。相对于民营企业、环境敏感型行业企业、发生竞争性负面事件企业和市场化程度较低地区企业，国有企业、非环境敏感型行业企业、发生非竞争性负面事件企业、市场化程度较高地区企业的捐赠在负面事件发生时保障股东财富的效果较好。因此，相对于民营企业、环境敏感型行业企业、发生竞争性负面事件企业和市场化程度较低地区企业，国有企业、非环境敏感型行业企业、发生非竞争性负面事件企业和市场化程度较高地区企业通过参与捐赠而购置"减震器"的价值更大，更有必要购置"减震器"。

根据企业捐赠保险模型，企业捐赠产生保险效应在于企业捐赠的信号作用，企业捐赠展现了企业价值观的利他性。然而，企业寻租扭曲了社会资源配置，降低了社会福利，企业寻租所显露的是企业价值观中的自私自利的一面。企业捐赠和企业寻租所展现的价值观是冲突的，这降低了企业捐赠的保险效应。从管理实践的角度出发，企业应该注重企业行为所展现的企业价值观的一致性，若不一致则会带来负面影响。如果企业通过捐赠表现企业价值观的利他性，却从事寻租而显露出企业价值观的自私自利的一面，那么企业捐赠所表现的企业价值观的真实性将遭到质疑，企业捐赠的保险效应将减弱。

相对于处于市场化程度较高地区的企业，处于市场化程度较低地区企业的捐赠寻租收益更大、寻租动机更加容易受到质疑，这导致了市场化程度较低地区企业的捐赠保险效应较弱；相对于国有企业，民营企业捐赠的寻租收益更大、寻租动机更加容易受到质疑，这导致了民营企业捐赠的保险效应较弱。相对于市场化程度较高地区的企业，市场化程度较低地区企业更应注重消除社会公众对企业捐赠寻租动机的质疑，市场化程度较低地区企业更应保持企业行为所展现的利他性企业价值观的一致性。相对于国有企业，民营企业更应注重消除社会公众对企业捐赠寻租动机的质疑，民营企业更应保持企业行为所展现的利他性企业价值观的一致性。

本书的研究也具有一定的政策含义。结合寻租理论和制度理论的研究文献，本书提出，企业捐赠的寻租动机降低了企业捐赠动机的纯粹性和利他性，从而降低了利益相关者对企业捐赠动机的积极评价的程度和企业捐赠的保险效应。基于寻租动机降低企业捐赠保险效应的逻辑，借鉴制度理论，本书提出产权性质和市场化程度将影响企业捐赠的保险效应。实证结果验证了产权性质和市场化程度对企业捐赠保险效应的影响，这反过来也表明企业捐赠的寻租动机影响企业捐赠的保险效应。从政策建议的角度，笔者认为，政府应改善制度环境，营造促进市场竞争的良好环境。具体而言，政府应坚定不移地推进社会主义市场化进程，对企业产权给予切实有效的保护，加强法制建设，提高执法效率，规范政府行为，减少行政力量对企业正常经营的干预，提升要素市场发育程度，健全资源配置的市场化机制。上述政策措施将减少甚至消除企业寻租的土壤，提高企业寻租风险，降低寻租收益和企业捐赠的寻租动机。上述政策措施降低了企业捐赠的寻租动机，企业捐赠的寻租动机的降低将增加企业捐赠动机的纯粹性和利他性，增强企业捐赠的保险效应，这反过来激励企业从事动机较为纯粹、利他程度较高的捐赠行为，净化了企业捐赠的动机。制度环境的改善将从整个社会的层面提升企业捐赠动机的纯粹性和利他性，提升了社会重要微观经济主体企业的道德水准，促进了社会的和谐发展。

6.4　研究局限及未来研究方向

本书的研究在借鉴企业捐赠保险模型的基础上，在中国制度背景下对企业捐赠保险效应进行了深入研究，但是本书仍然具有一定的局限。

首先，本书通过考察和比较中国企业捐赠的各种动机，运用寻租理论和制度理论，提出企业捐赠的寻租动机影响企业捐赠动机的纯粹性和利他性，企业捐赠的寻租动机将降低企业捐赠的保险效应。然而，现实中企业捐赠的动机非常复杂，并不一定只有寻租动机的纯粹性和利他性比较低。本书仅考虑了寻租动机对企业捐赠保险效应的作用，没有深入考察其他捐赠动机对企业捐赠保险效应的作用，导致本研究不够全面。根据企业捐赠保险效应实证研究的一般做法，本书的研究选取了上市公司诉讼仲裁事件作为研究情景。

然而，本书的研究只选取了上市公司诉讼仲裁事件，没有选择其他性质的公司负面事件，如违法违规事件。本书基于上市公司诉讼仲裁事件验证了中国企业的捐赠保险效应，并没有检验其他性质违法违规事件情境下企业捐赠的保险效应，这降低了实证研究结果的普适性。

其次，根据企业捐赠产生保险效应的机理，企业捐赠产生保险效应是需要经过三个路径的。然而，本书的研究参照已有研究的做法，只检验了企业捐赠对企业负面事件发生时股东财富的影响，没有对企业捐赠产生道德声誉资本、道德声誉资本影响利益相关者判断等路径进行实战研究。企业捐赠保险模型开发者 Godfrey（2009）提出，企业捐赠保险效应的实证研究无需对企业捐赠保险效应的中间路径进行实证检验，但是这并不表明不检验中间路径的实战研究是没有缺陷的。从实证的角度出发，每一步的理论推导都必须有数据的支持，缺乏数据支持的理论推导是不科学的。本书的研究没有对企业捐赠保险效应的中间路径进行检验，这是本研究的一个较大缺陷。本书的研究基于寻租动机的角度提出了产权性质和市场化程度对企业捐赠保险效应影响的研究假设。参照已有研究的做法，并考虑到寻租动机度量的难度，本书的研究没有提出产权性质和市场化程度对企业捐赠寻租动机影响的研究假设以及寻租动机对企业捐赠保险效应影响的研究假设，这同样是本研究的一个较大缺陷。

最后，根据企业关系资产价值影响企业捐赠保险效应的逻辑，本书的研究提出企业的无形资产价值将影响企业捐赠的保险效应。由于企业无形资产价值度量的难度很大，本研究采用的无形资产指标并不能非常精确地度量研究假设中所指的无形资产价值，这也导致实证结果没有支持无形资产价值影响企业捐赠保险效应的假设。

未来的研究可以针对本研究存在的局限，从以下几个方面展开。首先，未来的研究将不局限于探讨企业捐赠的寻租动机对企业捐赠保险效应的作用，将关注可能影响利益相关者评价和企业捐赠保险效应的其他企业捐赠动机，探讨其他企业捐赠动机对企业捐赠保险效应的影响。未来的研究不局限于二手数据，将运用问卷调查或实验的方法更加真实地反映影响利益相关者评价企业捐赠动机的因素，充分结合直接调查的数据和二手数据，以从更多的角度阐述企业捐赠保险效应的作用机理。未来的研究可以选择违法违规等企业负面事件作为研究情景，以交叉验证中国企业捐赠的保险效应，加强中国企业捐赠保险效应研究的普适性。

其次，未来的研究将对企业捐赠保险效应的中间路径进行检验。基于二手数据检验企业捐赠保险效应中间路径是无法做到的，未来将基于问卷或实验的方法来克服二手数据的局限。未来的研究将通过问卷或实验的方法检验产权性质和市场化程度对企业捐赠寻租动机的影响、企业捐赠的寻租动机对企业捐赠保险效应的影响。

最后，未来的研究可以从企业无形资产价值以外的因素来探讨企业关系资产对企业捐赠保险效应的影响，可以通过研究企业声誉对企业捐赠保险效应的作用来探讨企业关系资产的影响。当然，并没有现成的会计指标度量企业声誉，未来可以综合多方面的指标，运用主成分分析的方法构造指标来度量企业声誉，检验企业声誉对企业捐赠保险效应的作用，从而验证关系资产价值的作用。

参 考 文 献

[1]ANNE O, KRUEGER. The political economy of the rent-seeking society[J]. The American Economic Review, 1974, 64 (3):291-303.

[2]ANNE O, KRUEGER. Government failure in development [J]. Journal of Economic Perspectives, 1974, 4 (3): 9-23.

[3]BAI C E, LU J Y, TAO Z G. Property rights protection and access to bank loans: Evidence from private enterprises in China [J]. Economics of Transition,2006, 14:611-628.

[4]BARTLETT C, GHOSHAL S. Managing across borders: The transnational solution[M].Boston, Mass: Harvard Business Press, 1989.

[5]BAUMOL W. Entrepreneurship: Productive, unproductive and destructive[J]. Journal of Political Economy, 1990, 98 (5): 893-921.

[6]BECK, THORSTEN L, ROSS. Finance and the source of growth [J]. Journal of Financial Economics, 2000, 58:261-301.

[7]BENABOU R, TIROLE J. Incentives and prosocial behavior[J]. American Economic Review, 2006, 96(5):1652-1678.

[8]BERMAN S L, WICKS A C, KOTHA S K, JONES T M. Does stakeholder orientation matter? The relationship between stakeholder management models and firm financial performance [J]. The Academy of Management Journal,1999,42:488-506.

[9]BERNSTEIN M H. Regulating business by independent commission [M].Princeton NJ:Princeton University Press, 1955.

[10]BLACCONIERE W G, Patten D M. Environmental disclosure, regulatory costs and changes in firm value [J]. Journal of Accounting and Economics,1994,18(3):357-377.

[11]BOWEN H R. Social responsibilities of the businessman[M].New York: Harpor & Row, 1953.

[12] BRAMMER S, MILLINGTON A. Corporate reputation and philanthropy[J]. Journal of Business Ethics, 2005, 61(1):29-44.

[13]BRAMMER S,MILLINGTON A. Firm size, organizational visibility and corporate philanthropy [J]. Business Ethics: A European Review,2006,15(1):6-18.

[14] BROWN S, WARNER J. Measuring security price performance [J].Journal of Financial Economics, 1980, 8(3):205-258.

[15]BROWN S, WARNER J. Using daily stock returns: The case of event studies[J].Journal of Financial Economics, 1985, 14: 3-31.

[16] BROWN W, HELLAND E, SMITH J. Corporate philanthropic practices[J].Journal of Corporate Finance, 2006, 12(5):855-877.

[17]BUCHANAN J, TOLLISON R TULLOCK G. Toward a theory of rent seeking society[M].College Park: Texas A & M University Press, 1980.

[18]BUCHANAN J, TOLLISON R, ROSS G V. Rent seeking in LDC import regimes: The case of Kenya[C]. Working Papers, Graduate Institute of International Studies, Geneva, 1984.

[19] BURT R S. Corporate profits and cooption [M]. New York: Academic Press,1983.

[20]CAMPBELL D, MOORE G, METZGER M. Corporate philanthropy in the UK 1985-2000: Some empirical findings [J]. Journal of Business Ethics,2002,39:29-41.

[21]CAMPBELL D, SLACK R. The strategic use of corporate philanthropy[J]. Business Ethics: A European review, 2007, 16 (4):326-342.

[22]CAMPBELL J L. Why would corporations behave in socially responsible ways? An institutional theory of corporate social responsibility[J]. Academy of Management Review, 2007, 32(3): 946-967.

[23]CAMPBELL J. Institutional analysis and the paradox of corporate social responsibility[J]. The American Behavioral Scientist, 2006, 49(7):925-938.

[24]CARROLL A B. The pyramid of corporate social responsibility: Toward the moral management of organizational stakeholders[J]. Business Horizons, 1991, 7: 39-48.

[25]CHARKHAM J. Corporate governance: Lessons from abroad[J]. European Business Journal, 1992, 4 (2): 8-16.

[26] CHEN C, LI Z, SU X. Rent seeking incentives, political connections and organization structure: Empirical evidence from listed family firms in China [C]. Working Paper, The Chinese University of Hong Kong, 2005.

[27] CHOI C J, LEE S H, KIM J B. A note on counter trade: Contractual uncertainty and transaction governance in transition economies[J]. Journal of International Business Studies, 1999, 30: 189-201.

[28]CHUNG K. Business groups in Japan and Korea [J]. International Journal of Political Economy, 2004, 34(3): 67-98.

[29]CLARKSON M. A stakeholder framework for analyzing and evaluating corporate social performance[J]. Academy of Management Review, 1995, 20 (1): 92-117.

[30]CLASS H, PREIHOLT H. Investor relations, financial marketing and target groups[J]. The Marketing Management Journal, 2004, 14 (2): 129-133.

[31]COMMITTEE FOR ECONOMIC DEVELOPMENT. Social responsibilities of business corporations [R]. NewYork: Committee for Economic Development, 1971.

[32]CONE C L, FELDMAN M A, DASILVA A T. Causes and effects [J]. Harvard Business Review, 2003(7):95-101.

[33]COOTER R, BROUGHMAN B. Charity, publicity, and the donation registry[J].Economist's Voice,2005, 2(3):1-8.

[34]CORDEIRO W P. Should business ethics be different in transitional economies? [J].Journal of business ethics,2003,47(4):327-334.

[35]COWLING K, MUELLER D. The social costs of monopoly power [J]. Economic Journal, 1978, 88 (352):727-748.

[36]CULL R, XU L, COLIN. Institutions, ownership, and finance: The determinants of profit reinvestment among Chinese firms[J]. Journal of Financial Economics 2004, 77 (1): 117-146.

[37] DANIELS J D, RADEBAUGH L H. International business: Environments and operations [M]. New York: Prentice Hall, 2000.

[38]DELLER D, STUBENRATH M, WEBER C.A survey on the use of the internet for the investor relations in the USA, UK and Germany [J].The European Accounting Review, 1999, 8 (2): 51-64.

[39]DONALDSON T, PRESTON L E. The stakeholder theory of the corporation: Concepts, evidence, and implications[J].Academy of Management Review, 1995, 20 (1): 65-91.

[40] DONALDSON T, DUNFEE T W. Integrative social contracts theory: A communitarian conception of economic ethics [J]. Economics and Philosophy, 1995, 11: 85-112.

[41]DONALDSON T, DUNFEE T W. Ties that bind: A social contracts approach to business ethics[M].Boston: Harvard Business School Press, 1999.

[42]DONALDSON T, DUNFEE T W. Toward a unified conception of business ethics: Integrative social contracts theory[J].Academy of Management Review, 1994, 19: 157-169.

[43]DONALDSON T, WERHANE L P. Ethical issues in business[M]. Englewood Cliffs: Prentice-Hall, 1983.

[44] DOWLING J, PFEFFER J. Organizational legitimacy: Social values and organizational behavior [J]. Pacific Sociological Review, 1975:122-136.

[45] DYCK A, VOLCHKOVA N ET AL. The corporate governance role of the media: Evidence from Russia [J]. Journal of Finance, 2008, 63(3): 1093-1135.

[46] FACCIO M. Politically connected firms [J]. American Economic Review, 2006, 96: 369-386.

[47] FACCIO M, RONALD W, MASULIS, MCCONNELL J J. Political connections and corporate bailouts [J]. Journal of Finance, 2006, 61(6):2597-2635.

[48] FACCIO M. Politically connected firms [J]. American Economic Review, 2006, 96(1): 369-386.

[49] FAMA E. Efficient capital markets [J]. Journal of Finance, 1991, 46: 1575-1617.

[50] FANG L, PERESS J. Media coverage and the cross-section of stock returns [J]. Journal of Finance, 2009, 64(5):2023-2052.

[51] FATHILAUL ZAKIMI ABDUL HAMID. Malaysian companies use of the Internet for investor relations [J]. Corporate Governance, 2005, 5(1): 5-14.

[52] FINANCIAL ACCOUNTING STANDARDS. Accounting for contributions received and contributions made [R]. Norwalk, CT: Financial Accounting Standards Board, 1993.

[53] FOMBRUN C J, GARDBERG N A and BARNETT. Opportunity platforms and safety nets: Corporate citizenship and reputational risk [J]. Business and Society Review, 2000, 105:85-106.

[54] FOMBRUN C J. Reputation: Realizing value from the corporate image [M]. Boston: Harvard Business School Press, 1996.

[55] FREDERICK W C. Business and society, corporate strategy, public policy, ethics [M]. New York: McGraw-Hill, 1988.

[56] FREDERICK W C. Creatures, corporations, communities, chaos,

complexity[J]. Business and Society, 1998, 12:358-389.

[57]FREDERICK W C. From CSR1 to CSR2: The maturing of business and society thought [C].Working Paper, University of Pittsburgh, 1978.

[58]FREEDMAN M, STAGLIANO A. Differences in social cost disclosures: A market test of invest reaction [J]. Accounting, Auditing & Accountability Journal.1991,4:68-83.

[59]FREEMAN R E, REED D L. Stockholders and stakeholders: A new perspective on corporate governance [J]. California Management Review, 1983,25 (3): 88-106.

[60]FREEMAN R E. Strategic management: A stakeholder approach [M].Cambridge: Cambridge University Press,2010.

[61]FRIEDMAN M. The social responsibility of business is to increase its profits[N]. The New York Times Magazine, 1970, September, 13: 32-33.

[62]GALASKIEWICZ J. An urban grants economy revisited: Corporate charitable contributions in the twin cities [J]. Administrative Science Quarterly, 1997,42(3):445-471.

[63]GARRIGA E, MELE D. Corporate social responsibility: Mapping the territory[J]. Journal of Business Ethics, 2004, 53(1/2):5-7.

[64]GODFREY P C, MERRILL C B, JARED M. The relationship between corporate social responsibility and shareholder value[J]. Strategic Management Journal, 2009,4(30):425-445.

[65]GODFREY P C. The relationship between corporate philanthropy and shareholder wealth [J]. Academy of Management Review, 2005, 30(4): 777-798.

[66]GOODPASTER K E. Business ethics and stakeholder analysis[J]. Business Ethics Quarterly, 1991, 1: 53-73.

[67]GRAY R, OWEN D, ADAMS D. Accounting and accountability: Changes and challenges in corporate and social reporting [M]. London: Prentice-Hall,1996.

[68]GRIFFIN J J, MABON J F. The corporate social performance and corporate financial performance debate: Twenty-five years of incomparable research[J].Business & Society,1997,36:5-31.

[69]HAGAN, HARVEY. Why do companies sponsor arts events? Some evidence and a proposed classification [J]. Journal of Cultural Economics, 2000, 24:205-224.

[70]HARBAUGH W. What do donations buy? A model of philanthropy based on prestige and warm glow[J].Journal of Public Economics, 1998, 67:269-284.

[71]HELLMAN J, JONES G, KAUFMANN D. Seize the state, seize the day: State capture, corruption and influence in transition[J]. Journal of Comparative Economics, 2003, 31(4): 751-773.

[72]HILL R P, CASSILL D L. The naturological view of the corporation and its social responsibility: An extension of the Frederick model of corporation community relationships [J]. Business & Society Review, 2004, Fall:281-298.

[73]HOLMES S L. Executive perceptions of corporate social responsibility[J].Business Horizons, 1976,19(3):34-40.

[74]HUNT A. Strategic philanthropy[J].Across the Board, 1986, 78: 23-30.

[75]JAMES E. Organizational and managerial factors in the shaping of corporate social and political action [M]. Greenwich, CT: JAI Press,1991.

[76]JOHES G, JOHES B, LITTLE P. Reputation as Reservoir[J]. Corporate Reputation Review,2000,3:21-29.

[77] JOHNSON O. Corporate philanthropy: An analysis of corporate contributions[J].Journal of Business,1966,39(4):489-504.

[78]JOHNSON S, MCMILLAN J, WOODRUFF C. Property rights and finance [J]. American Economic Review, 2002, 92 (5): 1335-1356.

[79]JONES E E. Ingratiation: A social psychological analysis[M].New

York: Appleton Century Crofts, 1964.

[80] KEIM G D. Corporate social responsibility: An assessment of the enlightened self-interest model [J]. Academy of Management Review, 1978, 1:32-39.

[81] KHOTARI S, WARNER J. Econometrics of event studies [C]. Working Paper, SSRN, 2006.

[82] KHWAJA, ASIM I, ATIF M. Do Lenders favor politically connected firms? [J]. Quarterly Journal of Economics, 2005, 120: 1371-1411.

[83] KLEIN P A, MOHR L A, WEBB D I. Charitable programs and the retailer: Do they mix? [J]. Journal of Retailing, 2000, 76(3): 393-406.

[84] KRUEGER A. The political economics of the rent-seeking society [J]. American Economic Review, 1974, 64 (3): 291-303.

[85] KUNG, HANS. Global responsibility: In search of a new world ethic [M]. New York: Crossroad, 1991.

[86] LEELAIR M S, GORDON K. Corporate support for artistic and cultural activities: What determines the distribution of corporate giving [J]. Journal of Culture Economics, 2000, 24(3):225-241.

[87] LEGOMSKY J. Social aware funds grow: Investors enjoy righteous returns [N]. Times-Picayune, 1999, January 24, F1.

[88] LINDBLOM C K. The implications of organizational legitimacy for corporate social performance and disclosure [C]. Critical perspectives on accounting conference, New York, 1994.

[89] LOGSDON J M, WOOD D J. Business Citizenship: From domestic to global level of analysis [J]. Business Ethics Quarterly, 2002, 12 (2):155-187.

[90] LOGSDON, REINER, BURKE. Corporate philanthropy: Strategic responses to the firms stakeholders [J]. Nonprofit and Voluntary Sector Quarterly, 1990, 19:33-41.

[91] LUNDQVIST. The hare and the tortoise [M]. Ann Arbor: University

of Michigan Press, 1980.

[92] MA D, PARISH W L. Tocquevillian moments: Charitable contributions by Chinese private entrepreneurs[J]. Social Forces, 2006,85(2):943-964.

[93] MARQUIS M, GLYNN A DAVIS G F. Community isomorphism and corporate social action[J]. Academy of Management Review, 2007, 32(3):925-945.

[94] MARSTON C, STRAKER M. Investor relations: A European survey [J]. Corporate Communications: An International Journal, 2001, 6 (2): 82-93.

[95] MATTEN D, ANDREW C. Corporate citizenship: Toward a extended theoretical conceptualization [J]. Academy of Management Review, 2005,30(1):166-179.

[96] MEEHAN J, MEEHAN K, RICHARDS A. Corporate social responsibility[J]. International Journal of Social Economics,2006, 33:386-398.

[97] MESCON T S, TILSON D J. Corporate philanthropy: A strategic approach to the bottom-line[J]. California Management Review, 1987, 29(2): 49-61.

[98] MILLER G. The press as a watchdog for accounting fraud[J]. Journal of Accounting Research, 2006, 44:1001-1033.

[99] MINOR D B. Corporate social responsibilities as reputation insurance[C]. Working Paper,UC Berkeley, 2010.

[100] MITCHELL R K, AGLE B R, WOOD D J. Toward a theory of stakeholder identification and salience: Defining the principle of who and what really counts. Academy of Management Review, 1997,22:853-886.

[101] MOHAMMAD S, WALLEY J. Rent seeking in Indian: Its cost s and policy significance[J]. Kyklos, 1984, 37(3):387-413.

[102] NAGEL I H, SWENSON W M. The Federal sentencing guidelines for corporations[J]. Washington University Law Quarterly, 1993,

71:205-259.

[103] NAVARRO P. Why do corporations give to charity? [J].Journal of Business, 1988, 61:65-93.

[104] NEIHEISEL S R. Corporate strategy and the politics of goodwill: A political analysis of corporate philanthropy in America [M]. New York: Peter Lang Publishing Inc,1994.

[105] NORTH D C. Institutions, institutional change and economic performance[M]. Cambridge: Cambridge University Press, 1990.

[106] OKTEN C, WEISBROD B. Determinants of donations in private nonprofit markets[J].Journal of Public Economics, 2000, 75: 255-272.

[107] ORLITZKY M L, SCHMIDT S L, RYNES. Corporate social and financial performance: A meta-analysis[J].Organization Studies, 2003,24(3):403-410.

[108] OSTROM E. Governing the commons[M].NewYork: Cambridge university press,1990.

[109] PATTERN D M. Does the market value corporate philanthropy? Evidence from the response to the 2004 tsunami relief effort [J]. Journal of Business Ethics, 2008, 81:599-607.

[110] PENG M W, HEATH P S. The growth of the firm in planned economies in transition institutions organizations and strategic choice[J].The Academy of Management Review,1996,21(2): 492-528.

[111] PISTOR K M, RAISER S, GELFER. Law and finance in transition economies[J]. Economics of Transition, 2000, 8: 325-368.

[112] PITTMAN R. Market structure and campaign contributions[J]. Public Choice, 1977, 24: 37-52.

[113] PORTER M E, KRAMER M R. The competitive advantage of corporate philanthropy[J]. Harvard Business Review, 2002, 80 (12):5-16.

[114] ROGER M. In the virtue matrix: Calculating the return on corporate responsibility[J].Harvard Business Review, 2002, 3: 23-33.

[115]RYDER, REGESTER. Investor relations[J].London: Hutchinson Business Books, 1989.

[116]SAIIA D H, CARROLL A B, BUCHHOLTZ A K. Philanthropy as strategy when corporate charity begins at home[J]. Business and Society, 2003, 42(2): 169-201.

[117]SANCHEZ C. Motives for corporate philanthropy in ETsalvador: Altruism and legitimacy[J].Journal of Business Ethics, 2000, 27 (4):363-375.

[118]SAVAGE G T, NIX T W, WHITEHEAD C J, BLAIR J D. Strategies for assessing and managing organizational stakeholders [J].Academy of Management Executive, 1991, 5 (2):61-75.

[119]SCHNIETZ K E, EPSTEIN M J. Exploring the financial value of a reputation for corporate social responsibility [J]. Corporate Reputation Review, 2005, 7(4):327-345.

[120]SCHWARTZ M S, CARROLL A B. Corporate social responsibility: A three-domain approach [J]. Business Ethics Quarterly, 2003, 13(4):503-530.

[121] SCHWARTZ R A. Corporate philanthropic contributions [J]. Journal of Finance, 1968, 23: 479-497.

[122] SEIFERT B, MORRIS S A, BARTKUS B R. Comparing big givers and small givers: Financial correlates of corporate philanthropy[J]. Journal of Business Ethics, 2003, 45(3): 195-211.

[123] SEIFERT B, MORRIS S A, BARTKUS B R. Having, giving, and getting: Slack resources, corporate philanthropy, and firm financial performance[J]. Business and Society, 2004, 43(2): 135-161.

[124] SHANKMAN N A. Reframing the debate between agency and

stakeholder theories of the firm[J]. Journal of Business Ethics, 1999, 19 (4):319-334.

[125] SHELDON O. The philosophy of management [M]. London: Pitman Publishing Corporation, 2003.

[126] SHLEIFER A, VISHNY R. Politicians and firms[J]. Quarterly Journal of Economics, 1994, 109(4): 995-1025.

[127] SIMS G C. Rethinking the political power of America business: The role of corporate social responsibility[D]. PHD Dissertation, Stanford University, 2003.

[128] SMITH C W, STULTZ R. The determinants of firms' hedging policies[J].Journal of financial and quantitative analysis,1985,20 (4):391-405.

[129] SMITH C. The new corporate philanthropy[J]. Harvard Business Review, 1994, 72(5):105-114.

[130] STARIK M. Should trees have managerial standing? Toward stakeholder status for non-human nature[J]. Journal of Business Ethics, 1995 (1): 207-217.

[131] STIGLITS J E. The roaring nineties[M].NewYork:W. W. Norton & Company,2003.

[132] STRAHILEVIT Z M, MYERS J. Donations to charity as purchase incentives: How well they work may depend on what you are trying to sell[J]. Journal of Consumer Research, 1998, 24(4): 434-446.

[133] STRAHILEVIT Z M. The effects of product type and donation magnitude on willingness to pay more for a charity linked brand [J]. Journal of Consumer Psychology, 1999, 8(3):215-241.

[134] STULZ R M. Risk management and derivatives[M].New York: Southwestern College Publications, 2002.

[135] SU J, HE J. Does giving lead to getting? Evidence from Chinese private enterprises[J]. Journal of Business Ethics, 2009, 93(1): 73-90.

[136]TERREBERRY S. The evolution of organizationalenvironments[J]. Administrative science quarterly,1968,12:590-613.

[137]TOLLISON R. Rent Seeking: A survey[J]. Kyklos, 1982,35 (4):575-601.

[138]TRIESCHMANN J S, GUSSAVSON S G. Risk management and insurance[M].Cincinnati: Southwestern College, 1998.

[139]TURBAN D B, GREENING D W. Corporate social performance and organizational attractiveness to prospective employees [J]. Academy of management Journal,1996,40(3):658-672.

[140]USEEM M. Market and institutional factors in corporate contributions [J].California Management Review, 1988,30(2):77-88.

[141]USEEM M. The Inner Circle: Large corporations and the rise of business political activity in the US and UK [M]. New York: Oxford University Press, 1984.

[142]VARADARAJAN P R, MENON A. Cause-related marketing: A coalignment of marketing strategy and corporate philanthropy[J]. Journal of Marketing, 1988(7):58-74.

[143]WANG H L, CHOI J, LI J. Too little or too much? Untangling the relationship between corporate philanthropy and firm financial performance[J].Organization Science, 2008, 19(1):143-159.

[144]WANG H L, QIAN C L. Corporate philanthropy and financial performance of Chinese firms: The roles of social expectations and political access[J].Academy of Management Journal, 2011,54: 1159-1181.

[145]WERBEL J D, WORTMAN M S. Strategic philanthropy: Responding to negative portrayals of corporate social responsibility [J]. Corporate Reputation Review, 2000, 3(2):124-136.

[146]WHEELER D, MARIA S. Including the stakeholders: The business case[J]. Long Range Planning, 1998, 31 (2): 201-210.

[147]WHEELER D, SILLANPAA M. The stakeholder corporation

blueprint for maximizing stakeholder value ［M］. London：Pittman Publishing，1997.

［148］WHITHEAD P. Some economic aspects of corporate giving［D］. PHD Dissertation, Virginia Polytechnic Institute and State University,1976.

［149］WILLIAMS R J, BARRETT J D. Corporate philanthropy, criminal activity, and firm reputation［J］. Journal of Business Ethics, 2000(26)：341-350.

［150］WOKUTCH R E, SPENCER B A. Corporate saints and sinners：The effects of philanthropic and illegal activity on organizational performance［J］. California Management Review, 1987, 28：62-77.

［151］WOOD D J, LOGSDON J M. Toward a theory of business citizenship［C］. Working Paper, University of Virginia, 1999.

［152］WOOD D J. Business and society［M］. Glenview, IL：Brown Higher Education, 1990.

［153］WOOD D J. Corporate social performance revisited［J］. Academy of management review, 1991(4)：691-718.

［154］XIN K, PEARCE J. Guanxi：connections as substitute for formal institutional support［J］. Academy of Management Journal, 1996, 39：1641-1658.

［155］蔡宝刚. 私有产权保护的意义追问［J］. 法学评论, 2005, 3：3-10.

［156］蔡宁, 沈奇泰松, 吴结兵. 经济理性、社会契约与制度规范［J］. 浙江大学学报：人文社会科学版, 2009, 39(2)：64-73.

［157］陈冬华. 地方政府、公司治理与补贴收入：来自我国证券市场的经验数据［J］. 财经研究, 2003, 9：15-21.

［158］陈锋. "陈光标"打折？［N］. 华夏时报, 2011-04-25(F4).

［159］陈佳贵等. 中国企业社会责任研究报告(2009)［M］. 北京：社会科学文献出版社, 2009.

［160］陈胜蓝, 魏明海. 投资者保护与财务会计信息质量［J］. 会计

研究，2006，10：28-35.

[161]崔浩.市场中介组织的法律地位与政府管理[J].华东经济管理，2006，1：31-34.

[162]单华军.内部控制、公司违规与监管绩效改进：来自2007—2008年深市上市公司的经验证据[J].中国工业经济，2010，11：140-148.

[163]德鲁克著.管理：使命、责任、实务、责任篇[M].王永贵，译.北京：机械工业出版社，2007.

[164]杜兴强，陈韫慧，杜颖洁.寻租、政治联系与"真实"业绩[J].金融研究，2010，10：135-157.

[165]杜兴强，杜颖洁.公益性捐赠、会计业绩与市场绩[J].当代财经，2010，2：113-122.

[166]樊纲，王小鲁，朱恒鹏.中国法制化指数——各省区法制化相对进程2009年度报告[M].北京：经济科学出版社，2010.

[167]方军雄.市场化进程与资本配置效率的改善[J].经济研究，2006，5：50-61.

[168]菲利普·科特勒，南希.李.企业的社会责任[M].北京：机械工业出版社，2011.

[169]峰子.陈光标：首善 or 伪善[J].新经济，2011，5：50-51.

[170]冯延超，梁莱歆.上市公司法律风险、审计收费及非标准审计意见：来自中国上市公司的经验证据[J].审计研究，2010，3：75-81.

[171]高伟，李艳丽，赵大丽.企业政治关联内涵及作用机制研究[J].软科学，2011，25(3)：111-114.

[172]葛道顺.我国企业捐赠的现状和政策选择[J].学习与实践，2007，3：120-123.

[173]葛笑春，蔡宁.战略性企业慈善行为的比较研究[J].重庆大学学报：社会科学版，2009，15(1)：30-34.

[174]胡旭阳.民营企业家的政治身份与民营企业的融资便利：以浙江省民营百强企业为例[J].管理世界，2006，5：107-113.

[175]黄靖. 企业慈善捐赠行为与税收政策关系的研究[D]. 杭州：浙江大学，2011.

[176]李四海. 制度环境、政治关系与企业捐赠[J]. 中国会计评论，2010，8(2)：161-178.

[177]李伟. 企业的社会契约：一个新的企业行为规范研究框架[J]. 财经研究，2003，10：26-30.

[178]李越冬，张会芹. 产权性质、企业社会责任与资本市场认可度[J]. 宏观经济研究，2010，1：48-52.

[179]林毅夫，李永军. 中小金融机构发展与中小企业融资[J]. 经济研究，2001，1：10-18.

[180]刘军，朱霞梅. 市场经济、信用与中介组织机构[J]. 生产力研究，2006，9：81-82.

[181]刘亚莉. 公司捐赠税收优惠制度研究[J]. 安徽大学法律评论，2007，2：65-73.

[182]龙小波，吴敏文. 证券市场有效性理论与中国证券市场有效性实证研究[J]. 金融研究，1999，3：53-58.

[183]卢峰，姚洋. 金融压抑下的法治、金融发展与经济增长[J]. 中国社会科学，2004，1：42-55.

[184]逯进. 寻租、权力腐败与社会福利[J]. 财经研究，2008，34(9)：122-131.

[185]罗党论，唐清泉. 中国民营上市公司制度环境与绩效问题研究[J]. 经济研究，2009，2：106-118.

[186]骆祚炎. 中国股票市场有效性研究综述[J]. 经济学动态，2003，5：52-55.

[187]马力，齐善鸿. 西方企业社会责任实践[J]. 企业管理，2005，2：108-109.

[188]马伊里，杨团. 公司与社会公益[M]. 北京：华夏出版社，2002.

[189]潘红波，夏新平，余明桂. 政府干预、政治关联与地方国有企业并购[J]. 经济研究，2008，4：41-52.

[190]乔·马尔科尼. 公益营销[M]. 北京：机械工业出版社，

2005.

[191]乔尔·赫尔曼，马克·施克曼. 转轨国家的政府干预、腐败与政府被控[J]. 经济社会体制比较，2002，5：26-33.

[192]乔亮国. 企业捐赠税收政策探析[J]. 会计之友，2006，11：60-61.

[193]迈克尔·波特. 竞争优势[M]. 陈小悦，译. 北京：华夏出版社，1997.

[194]彭维刚. 全球企业战略[M]. 孙卫，等，译. 北京：人民邮电出版社，2007.

[195]山立威，甘梨，郑涛. 公司捐赠与经济动机[J]. 经济研究，2008，11：51-60.

[196]尚海，傅允生. 四大宗教箴言录[M]. 北京：中国广播电视出版社，1993.

[197]沈洪涛，杨熠，吴奕彬. 合规性、公司治理与社会责任信息披露[J]. 中国会计评论，2010，8(3)：363-376.

[198]石磊，魏玖长，赵定涛. 上市公司灾难捐赠行为对股票价格的影响[J]. 中国科学技术大学学报，2010，6：571-576.

[199]石晓乐，许年行. 公司财务与政治关联研究进展[J]. 经济学动态，2009，11：104-109.

[200]世界银行. 中国政府治理、投资环境与和谐社会：中国120个城市竞争力的提高[R]. No.377592CN，2006.

[201]斯蒂芬·P. 罗宾斯. 管理学(第八版)[M]. 北京：清华大学出版社，2005.

[202]宋林，王建玲. 我国企业慈善行为的市场反应[J]. 当代经济科学，2010，32(6)：82-88.

[203]孙铮，刘凤委，李增泉. 市场化程度、政府干预与企业债务期限结构：来自我国上市公司的经验证据[J]. 经济研究，2005，5：52-63.

[204]唐兴华. SA8000与中国企业社会责任[J]. 江汉论坛，2006，11：31-34.

[205]田利华，陈晓东企业策略性捐赠行为研究：慈善投入的视角

[J]. 中央财经大学学报, 2007, 2: 58-63.

[206] 田雪莹, 叶明海. 企业慈善捐赠的动机、结构及管理分析: 来自 2004—2006 年长三角地区企业的数据[C]. 上海市社会科学界第七届(2009)学术年会, 2009.

[207] 托马斯·唐纳森, 托马斯·邓菲. 有约束力的关系: 对企业伦理学的一种社会契约论的研究[M]. 赵月瑟, 译. 上海: 上海社会科学院出版社, 2001.

[208] 万华林, 陈信元. 治理环境、企业寻租与交易成本[J]. 经济学(季刊), 2010, 1, 9(2): 553-570.

[209] 汪静赫. "作秀"的陈光标?[N]. 中国企业报, 2011-03-18 (F3).

[210] 王端旭. 企业慈善捐赠的形成机制及其价值机理研究[D]. 杭州: 浙江大学, 2011.

[211] 王彦超, 林斌, 辛清泉. 市场环境、民事诉讼与盈余管理[J]. 中国会计评论, 2008, 6(1): 21-40.

[212] 吴久久. 旋涡中的首善[J]. 中国社会工作, 2011, 5: 42-43.

[213] 吴世农. 我国证券市场效率的分析[J]. 经济研究, 1996, 4: 13-19.

[214] 吴文锋, 吴冲锋, 刘晓薇. 中国民营上市公司高管的政府背景与企业价值[J]. 经济研究, 2008, 7: 130-141.

[215] 吴文锋, 吴冲锋, 芮萌. 中国上市公司高管的政府背景与税收优惠[J]. 管理世界, 2009, 3: 134-142.

[216] 杨德明, 令媛媛. 媒体为什么会报道上市公司丑闻?[J]. 证券市场导报, 2011, 10: 17-23.

[217] 姚胜琦, 童菲, 周晓辉. 上市公司诉讼仲裁信息的披露与股票非系统波动性的变化[J]. 系统工程, 2006, 24(7): 37-44.

[218] 叶文添, 方辉. 中国"首善"陈光标之谜[N]. 中国经营报, 2011, 25(4): 1-4.

[219] 于忠泊, 叶琼燕, 田高良. 外部监督与盈余管理[J]. 山西财经大学学报, 2011, 33(9): 90-99.

[220] 余明桂, 回雅甫, 潘红波. 政治联系、寻租与地方政府财政

补贴有效性[J]. 经济研究，2010，3：65-77.

[221]袁显平，柯大钢. 事件研究方法及其在金融经济研究中的应用[J]. 统计研究，2006，10：31-35.

[222]张传良. 中外企业慈善捐赠状况对比调查[J]. 中国企业家，2005，17：28-30.

[223]张建君，张志学. 中国民营企业家的政治战略[J]. 管理世界，2005，7：94-105.

[224]张同龙. 企业捐赠的动机考察：自利，还是利他？[J]. 制度经济学研究，2011，2：28-41.

[225]张宗新，朱伟骅. 证券监管、执法效率与投资者保护[J]. 财贸经济，2007，11：3-8.

[226]郑若娟. 西方企业社会责任理论研究进展[J]. 国外社会科学，2006，2：34-39.

[227]中华人民共和国民政部. 中华人民共和国公益事业捐赠法[S]. 1999，6.

[228]钟宏武. 慈善捐赠与企业绩效[M]. 北京：经济管理出版社，2007.

[229]钟宏武. 5·12大地震企业捐赠大众评价调查[J]. 中国经济周刊，2008，20：38.

[230]钟宏武. 企业捐赠作用的综合解析[J]. 中国工业经济，2007，2：75-83.

[231]周秋光，曾桂林. 儒家文化中的慈善思想[J]. 道德与文明，2005，1：31-34.

[232]周秋光，曾桂林. 中国慈善思想渊源探析[J]. 湖南师范大学社会科学学报，2007，1：135-139.

[233]周秋光，徐美辉. 道家、佛家文化中的慈善思想[J]. 道德与文明，2006，2：4-8.

[234]周延风，罗文恩，肖文建. 企业社会责任行为与消费者响应[J]. 中国工业经济，2007，3：62-69.

[235]宗银桂. 中国传统文化中的道德理性分析[J]. 求索，2006，10：216-219.

后　记

　　书稿源于本人的博士论文。在书稿写作、修改和完善过程中，我的博士生导师徐勇教授给予我悉心指导，周延风教授提醒我挖掘企业社会责任的中国本土性因素，于洪彦教授在研究方法上给予我非常有益的建议，我的硕士生导师张进铭教授从语言规范性角度对本书进行了较大提升，感谢各位老师！我的同学张三保对我博士论文的选题起到了关键作用，师兄赵永亮、邱冰和师姐陈晓慧对我的博士论文提出了改进意见，中山大学管理学院的明星博士生陈增祥和刘得格博士对我的博士论文提出了非常详尽的修改建议，感谢各位同窗好友！感谢我所在单位中共东莞市委党校对本书出版的资助。

　　由于这些年我国企业社会责任在理论研究和政策制定方面取得了较多的突破，本人对博士论文进行了适当修改，本书部分吸纳了我国企业社会责任理论和实践的新成果。当然，由于本书关注的企业社会责任保值研究领域具有一定的规律性，本书仅选取了有益于提升书稿质量的企业社会责任的新的研究成果。

　　希望本书的出版重新激起我对学术科研的浓厚兴趣，也不枉栽培与帮助我的师友、亲朋！